[교회의 영적 각성을 추구하는 진정한 부흥]

개혁주의 부흥신학

|김홍만 저|

도서출판 옛적길

도서출판 옛적길의 출판정신

옛적길이란 예레미야 6:16의 본문을 근거로 하여 변하지 않는 진리의 길을 말한다. 바로 이러한 정신 아래에서 칼빈의 종교개혁과 청교도 신학의 회복을 추구한다.

실제로 종교개혁 이후 개혁주의와 청교도 신학의 회복 운동이 일어날 때마다 영적 대각성과 대부흥이 일어 났었다.

따라서 **옛적길**은 개혁주의와 청교도 신학의 부흥을 통해 교회개혁과 영적 대각성을 추구하는 출판사 이다.

서언

"부흥"이란 단어는 신학적으로 매우 구체적이며 특정한 것을 의미함에도 불구하고 그 뜻이 정확하게 전달되지 못하고 있다. 그 단적인 예로, 보통 지역교회에서 출석 인원이 늘어났을 때 부흥되었다고 말하는 모습을 들 수 있다. 그뿐 아니라 "부흥회"라는 기계적 집회 같은 것으로 인해 신학적 단어인 "부흥"(Revival)의 의미가 남용되어 버리고 말았다. 더욱이 하나님의 주권 가운데 주시는 "부흥"과 사람의 인위적 방법을 동원해서 그 효과를 내는 "부흥주의"를 구별하지 않고 혼용하여 사용함으로써 신본주의적(God-centered) 부흥은 자연적으로 죽어버리고, 인본주의적(Man-centered) 부흥주의(Revivalism)가 인기를 누리면서 18세기와 19세기 그리고 20세기초까지 그렇게 많이 일어났던 부흥이 20세기 중반과 후반에는 거의 일어나지 않았다.

이런 이유들로 인해 하나님 중심의 부흥 신학을 다시 세우려는 의도 가운데 이 책을 저술하게 되었다. 이 책은 개혁주의 입장에서 부흥의 성질과 특성을 구체적으로 살펴보고 있고, 인본주의 신학에서 출발한 "부흥주의"에 대해서 그 신학적 오류와 그것에 따른 폐해성을 고찰하고 있다. 특히 개혁주의 입장에서 조나단 에드워즈의 부흥신학을 정리하였고, 부흥주의의 대표인 찰스 피니의 신학을 철저히 파헤쳤다. 따라서 이 둘을 비교하면 우리가 무엇을 추구해야 할지를 분명히 알 수 있을 것이다.

또한 이 책의 제3부에서는 역사 – 신학적 방법을 가지고 선교학적 측면에서 부흥이 일어나는 과정을 다루었다. 즉 역사 속에서 일어난 제1차, 2차 영적 대각성과 1857-1858년에 일어난 대부흥을 중심으로, 그리고 때로는 1903-1907년 한국의 대부흥 가운데 일어난 현상을 신학적으로 해석하였다. 물론 사도시대 이후 교회사 속에서 전 세계적으로 수많은 부흥이 일어났지만 자료와 연구의 한계성으로 인해 여기서는 미국의 영적 대각성과 한국의대부흥만을 다루었다.

그러나 이러한 역사적 자료들을 가지고 부흥을 해석하려 했던 필자의 궁극적인 목표는 실제적으로 우리가 어떻게 하나님께서 선물로 주시는 부흥을 맞을 수 있을 것인가에 대한 대답을 주는 것이었다.

오늘날 분명히 교회가 영적으로 무능력해지고 경건의 능력을 잃어 가는 모습에 많은 목회자와 지도자들이 안타까워하고 있을 것이다. 이 책은 바로 이러한 이들을 위해 쓰여졌으며 이 책으로 인하여 무엇을 어떻게 해야 할지를 제시받기를 소망한다. 물론 이 책이 부흥에 대해 모든 것을 공급하지는 않는다. 그렇지만 이것을 계기로 부흥에 대해 더욱 연구하는 운동이 일어나기를 간절히 바란다. 그것은 또한 하나님 앞에서 겸손히 부흥을 준비하는 것이 될 것이다.

(한국 청교도 연구소 소장)
김홍만 목사

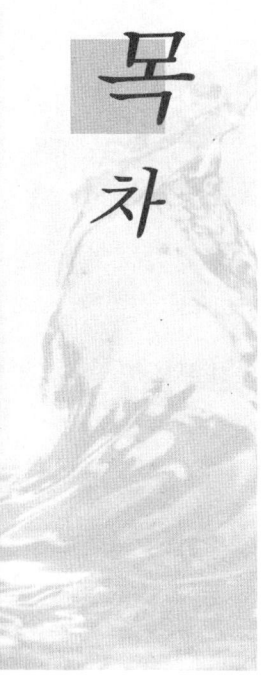

서언 | 5 |

■ 제 1 부 부흥의 성질

제 1 장 / 부흥의 정의 | 11
제 2 장 / 부흥과 관련된 용어들 | 17
제 3 장 / 부흥의 성질 | 24
제 4 장 / 부흥에 대한 오해들 | 32

■ 제 2 부 부흥 신학

제 5 장 / 조나단 에드워즈의 부흥 신학 | 51
제 6 장 / 부흥 신학과 청교도 신학 | 61
제 7 장 / 찰스 피니의 부흥주의 신학 | 69

■ 제 3 부 부흥을 위한 겸손한 준비와 보존

제 8 장 / 경건 회복의 노력 | 85
제 9 장 / 경건 회복을 위한 메시지들 | 92
제 10 장 / 부흥을 위한 기도 | 175
제 11 장 / 부흥의 장애요소와 부흥을 방해하는 악에 대한 대응 | 182

제 1부

부흥의 성질

제1부
부흥의
성질

제1부에서는
부흥과 그것에 관련된 용어들을 살피고,
부흥의 성질을 고찰함으로써 부흥이 왜 필요하며,
그 현상과 열매가 무엇인지를 밝히고,
부흥에 대한 오해들에 대해서 살펴보겠다.

1

부흥의 정의

오늘날 교회 속에서 부흥이란 단어는 참으로 애매 모호하게 사용되고 있다. 예를 들어 지역 교회가 숫자적으로 성장을 맞았을 때 부흥했다고 말한다. 이뿐 아니라 큰 음악과 함께 천둥치는 것과 같은 설교자의 연속되는 집회를 부흥이라고 말하기도 한다. 또한 수많은 사람이 모이는 것과 같은 잘 조직된 대형 전도 집회나 행사를 부흥이라고 말하는 사람들도 있다. 이는 모두 부흥의 신학적 의미를 간과한 것들이다. 사실 부흥이란 단어는 매우 구체적인 신학적 용어이다. 따라서 먼저 부흥이란 단어에 대해 정의해 본다.

1. 리처드 오웬 로버츠의 정의

리처드 오웬 로버츠(Richard Owen Roberts)는 오늘날 부흥에 대해서 가장 많은 역사적 자료를 보유하고 있는 사람으로, 이러한 자료들을 편집하여 보급하기도 하는 부흥 전문가이다. 그는 부흥에 대해 정의하기를 "예외적인 결과들을 생산하는 성령의 예외적인 운동"이라고 했다. 또한 그는 부흥이 대형 전도 집회와 반드시 구별되어야 한다고 강조하면서 "대형 전도 집회는 사람들이 그리스도를 위해 하는 일이지만 부흥은 그리스도께서 사람들을 위해 하시는 사역이다"라고 말한다(Roberts, 1983, 16). 로버츠는 성령의 예외적인 사역에 그 의미를 두면서 부흥은 인간들의 방법론에 의해서 일어나는 것이 아닌, 하나님의 주권적 사역임을 강조하고 있다.

2. 패커 박사의 정의

패커(J. I. Packer) 박사는 부흥에 대해 다음과 같이 정의했다.

부흥은 성령에 의한 하나님의 사역으로서 하나님의 말씀을 통하여 영적으로 죽은 자들을 그리스도에 대한 믿음으로 살아나게 하고 잠자는 그리스도인의 내적 삶을 갱신시킨다. 부흥 속에서 하나님께서는 묵은 것을 새롭게 하시고 율법과 복음에 새로운 능력을 주시고 마음과 양심이 눈 감기운 자들과 강퍅하며 심령이 차가운 자들에게 새로운 영적 인식력을 주신다. 따라서 부흥은 교회를 생동력 있게 하고 그리스도인들로 그 사회에 영적, 도덕적 충격을 준다.……부흥은 하나님의 주권적 능력이 나타나는 복합적 현상으로 자신의 백성을 방문하고 그의 나라를 확장시키며 그의 이름을 영화롭게 한다(Packer, 1990, 36).

패커의 정의 속에서 부흥의 세 가지 중요한 요소를 발견할 수 있는데, 첫째는 그리스도인들을 다시 새롭게 하시는 것, 둘째는 영적인 장님들이 눈을 뜨는 것, 셋째는 하나님의 주권과 영광이다.

3. 로이드존스의 정의

로이드존스(D. M. Lloyd-Jones)는 1959년 청교도 회의에서 "부흥에 대한 역사-신학적 고찰"이라는 제목 하에 소논문을 발표했는데, 부흥에 대한 정의를 다음과 같이 했다.

부흥은 성령께서 예외적으로 일하실 때 경험되어지는 것이다. 먼저 성령께서는 교회의 교인들 가운데 일하셔서 성도들을 다시 생동감 있게 하신다.……무엇보다도 나태함과 잠에 빠져 있는, 그리고 거의 빈사 상태에 이른 교인들을 깨우치고 각성시킨다. 성령의 능력이 갑자기 그들에게 임하여서 진리의 심오함을 깨닫게 한다. 사실 이러한 진리들은 지적으로는 이미 알고 있었던 것이지만 더욱 깊이 깨닫게 한다. 그래서 그들은 겸손하게 되며, 죄의 질책을 받아서 자신들에 대해 매우 심각한 괴로움에 빠진다. 그들 중 다수가 자신이 결코 그리스도인이 아니었음을 느낀다. 그리고 하나님의 위대한 구원과 영광을 보기 위해 나아오며 그것의 능력을 느낀다. 이러한 깨우침과 영적으로 다시 살아남으로 인해서 그들은 기도하기 시작한다. 새로운 능력이 설교자들에게 임하고 그것의 결과로 교회 밖에 있는 많은 사람들이 회심하고 교회 안으로 들어오게 된다. 따라서 부흥의 중요한 두 가지 특징은 첫째로, 교회의 성도들이 예외적으로 생동감 있게 되는 것이며, 둘째로, 무관심과 죄 가운데 있던 교회 밖에 있는 많은 사람들이 회심하는 것이다(Lloyd-Jones, 1987, 1, 2).

4. 고전적 정의

고전적 의미에서 부흥이란 단어는 매우 구체적인 용어였다. 그 용어는 오늘날 부흥이라고 줄여 사용하지만 원래 그것은 "부흥의 종교"(Revival of Religion)였다. 이 용어는 최소한 19세기말까지 신학적이면서 특정한 내용을 나타내기 위해 사용되었다. 이러한 고전적 의미에서의 정의는 다음과 같다.

> 부흥의 종교란 반드시 다음과 같이 이해되어져야 한다. 이것은 하나님의 은혜의 능력의 예외적인 나타남인데 부주의한 죄인들을 질책하고 회심케 하며, 경건한 성도들을 깨우치고 믿음을 더하게 한다.……따라서 이는 두 가지 다른 부류 가운데 나타나심으로 인해서 두 가지 다른 측면을 가진다.……먼저 생명을 주고 빛을 주는, 그리고 깨어나게 하고 거듭나게 하며 거룩케 하는 성령의 능력이 강퍅한 죄인들을 회심케 하며 침체에 빠지거나 잠자는 그리스도인들을 회복시키는 것이다(Bonar, 1840, x).

부흥의 고전적인 정의에서의 초점은 "회심의 역사"(converting work)다. 이것은 한 영혼 가운데서 일하시는 성령의 역사를 말한다. 복음의 능력이 바로 이것을 말하고 있기 때문에 고전적 정의에서는 부흥의 종교라 말하고 있다. 즉 언제든지 복음을 전할 때 이러한 회심의 역사가 일어날 수 있으며 단지 이러한 회심케 하는 성령의 역사가 때에 따라서 정도와 그 범위만 차이가 있기 때문이다. 때로는 그 범위와 능력이 정도가 커질 경우 대부흥, 또는 영적 대각성이라고 불렀다. 더욱이 18세기와 19세기는 부흥의 세기라 불리울 만큼 부흥이 많이 일어났었다.

앞에서 살펴본 바와 같이 "부흥"이란 신학적 특정 의미를 갖는 용어이다. 이는 명목적 신자(nominal believer)와 죄인을 회심시키는 성령의 역사가 그 범위와 정도에 있어 보다 예외적이며 집합적으로 일어나는 것을 말한다. 그리고 이로 인하여 하나님 나라 확장과, 영적 침체와 게으름에 빠진 그리스도인들을 다시 일으켜, 그들로 하여금 그리스도에 대한 헌신을 새롭게 하고 믿음을 강화시키며, 더욱 거룩한 삶에 힘쓰게 하여, 결국에는 교회로 하여금 경건의 능력을 가지게 하는 하나님의 주권적 역사라 말할 수 있다.

2

부흥과 관련된 용어들

1. 영적 대각성

부흥이 일어났을 때 성령의 일하시는 범위와 정도가 커짐에 따라 대부흥, 또는 영적 대각성(Great Awakening)이라 부른다. 예를 들어 한 지역교회에서 성령의 회심케 하는 역사와 새롭게 하는 역사가 집합적으로 일어나서 그 교회가 속한 전 지역에 성령의 불길이 번졌다면 부흥이라 말할 수 있다. 그런데 이러한 성령의 불길이 전국으로 확장되면서 교단을 초월하여 2-5년 정도 지속된다면 대부흥이라 말할 수 있다. 여기서 한 걸음 더 나아가 부흥의 불길이 계속되면서 그 사회에 큰 영향을 미치는 경우에는 영적 대각성이라 부른다. 물론 부흥과 대부흥 혹은 영적 대각성을 구분하는 객관적 기준은 없다. 그러나 역사 속에서 부흥이 일어난 후 그것들을 칭할 때 편의상 이런 구분을 하였다. 실제로 미국 역사 속에서 제1차 영적 대각성은 1735-1747년(연도의 기간도 때로는 관점에 따라 일치하지 않는다), 제2차 영적 대각성은 1797-1830년(최고조에 이른 것은 1805년이며 1830년까지 부흥이 미 전역에서 계속 일어났다), 대부흥은 1857-1858년(때로는 이것을 제3차 영적 대각성이라 부르는데 대부흥이라고 부르는 것이 일반적이다)에 일어났다. 한국에서는 1903-1907년에 일어난 집합적인 일련의 부흥을 대부흥이라 부른다(이것을 영적 대각성이라고 부르는 선교사도 있었다).

2. 부흥주의

1998년 가을 미국 미시시피 주 잭슨 시에서 미 장로교 목회자들이 모여 "부흥과 종교개혁"이란 주제로 회의를 열었다. 이곳에서 특히 "부흥주의"(Revivalism)와 "부흥"이 어떻게 다른가에 대하여 지적하였다. 부흥주의에 대한 그들의 정의는 다음과 같다.

찰스 피니주의(Finneyism)라고 알려진 부흥주의는 진정한 부흥에서 궤도를 이탈한 것이다. 그런데 이것은 19세기 미국에서 매우 인기 있는 것이 되었다. 부흥주의는 부흥을 생산해 낼 목적을 가지고 필요하고 올바른 수단들을 적당히 사용하면 부흥이 일어난다고 믿는 것이다.

즉 부흥주의는 하나님의 주권보다는 인간들의 수단과 방법에 강조를 두는 것이다. 그런데 이 부흥주의가 찰스 피니로부터 더욱 본격화되고 이론화되어서 진정한 부흥의 추구에서부터 멀어져 캠프 미팅(Camp meeting)과 같은 수단을 통하여 19세기의 미국 교회를 휩쓸었다. 또한 20세기에 이르러서는 복음주의 교회를 통해서, 또 빌리 그레이엄 목사를 통하여 매우 인기 있는 것이 되었다.

이러한 부흥주의는 보통 찰스 피니로부터 시작된 것으로 알려져 있으나, 사실은 그렇지 않다. 부흥주의는 제2차 영적 대각성 중에 몇몇 목회자들이 부흥을 왜곡하면서 시작되었다. 미국의 제2차 영적 대각성이 본격화된 것은 1800년에 일어난 켄터키 부흥 때부터이다. 켄터키 부흥의 불길이 인근 테네시까지 번져 가는 즈음, 1801년 8월 카인 릿지(Cain Ridge) 지방에서 이상한 영적 현상이 나타나기 시작했다. 집회에 참여한 사람들 중에서 물리적 현상이 일어나기 시작했는데, "고개를 쉴새 없이 끄덕이는 현상", "쓰러지는 현상", "춤추는 현상", "구르는 현상", "소리지르는 현상", "펄쩍 펄쩍 뛰는 현상", 심지어 "개 짖는 소리를 내는 현상"까지 나타났다. 이에 장로교 목회자들은 이러한 물리적 현상을 감정에 치우친 감정주의와 지식이 결여된 열광주의라 하여 경고하고 금하기 시작했다. 그러나 감리교 목회자들은 이것을 은혜의 수단으로 간주하여 권장하였다. 감리교 목회자들은 이것들은 "체험 종교의 범주"에 들어간다고 여겼다. 그 이후 감리교도들에게 있어서 이러한 현상은 캠프 미팅과 함께 그들의 전도의 중요한 수단과 부분이 되었다(Murray, 1994, 183; Cleveland, 1959, 75). 이것이 바로 부흥주의의 시작이다. 이렇게 시작된 것을 1825년 겨울부터 찰스 피니가 도입하여 "새로운 측정법들"이라는 것을 개발하여 사용하기 시작한 것이다. 찰스 피니가 이러한 방법으로 집회를 계속 인도하자 진정한 부흥을 추구하던 목회자들이 그를 설득하여 중단을 요구했지만 듣지 않았다. 결국 이로 인해 미국 장로교회는 진정한 부흥을 갈망하는 구(old)학파와, 찰스 피니를 따르는 신(new)학파로 나누어지게 되었다.

부흥주의는 하나님의 주권적 역사보다는 인간의 수단과 방법에 더욱 근거를 두는 인본주의이다. 이것은 찰스 피니의 신학 사상을 보면 더욱 확실해지는데, 그는 펠라기우스 신학의 재출현인 신 신학(New Theology)과 나다니엘 테일러(Nathaniel Taylor)로부터 직접 영향을 받은 것이다(보다 자세한 내용은 제4장의 "부흥에 대한 오해들"와 제7장의 "찰스 피니의 부흥주의 신학"을 보라).

3. 영적 갱신 운동

보통 "영적 갱신 운동"(Spiritual Renewal)이란 1960-70년대에 일어난 하나의 영적 운동을 일컫는다. 이 운동은 영적 훈련을 통해서 개인의 삶의 갱신을 일으켜 그리스도에게로 헌신케 하는 것이었다. 그러나 이러한 갱신 신학에 대해 연구한 골든 코넬 신학교의 리처드 러브레이스(Richard Lovelace)에 의하면, 갱신이라는 것은 교회사 속에서 일어난 영적 운동을 포괄적으로 포함한다. 예를 들어 청교도 운동이나 유럽의 경건주의 운동, 조나단 에드워즈와 영적 대각성, 웨슬리와 그의 기도 운동 등을 영적 갱신 운동으로 보는 것이다(Lovelace, 1979). 따라서 영적 갱신이라는 용어 자체는 부흥과 같은 의미가 될 수 없다. 부흥이라는 용어는 신학적으로 그 입장이 구체적이지만, 갱신이라는 용어 속에서는 굳이 그것을 따질 필요가 없다. 예를 든다면, 영적 갱신이라는 용어 속에서는 청교도 운동과 유럽의 경건주의 운동을 같은 범주 속에서 볼 수 있지만, 개혁주의 부흥 신학의 입장에서는 같은 것으로 간주할 수 없다. 왜냐하면 청교도 운동 가운데 율법의 기능에 대한 신학은 매우 중요한데, 경건주의 운동에서는 이것을 무시하기 때문이다. 따라서 영적 갱신이라는 용어는 부흥과 분명히 구별되어 사용되어야 한다. 그러나 오늘날 부흥보다는 영적 갱신을 더 선호하는 경향이 있다. 이러한 태도에 대해서 로이드존스는 "영적 갱신은 부흥이 아니다. 부흥이란 성령의 쏟아 부어주심이다"라고 분명히 말하면서 부흥과 영적 갱신이 다르다는 것을 피력하였다(Lloyd-Jones, 1987, 368).

4. 종교개혁

종교개혁(Reformation)이란 교회의 교리와 구조의 정화 혹은 오류를 바로 잡는 것을 말한다. 따라서 루터, 칼빈, 그리고 청교도 운동이 여기에 속한다. 그런데 이러한 종교개혁은 사람들로 진리에 새롭게 눈을 뜨게 하여 영적 각성이 일어나게도 하기 때문에 부흥의 양태로 나타날 수도 있다. 그러나 한편으로는 영적 대각성이 종교개혁과 같은 양상이 될 수도 있다. 왜냐하면 영적 대각성이 일어나기 전 교회는 경건의 능력을 상실하고 신학적으로도 느슨하거나 오류에 빠져 있다. 따라서 대각성의 시작이나 대각성이 일어나고 있는 중반에 경건한 목회자들이 일어나 자유주의 신학과 신학적 오류를 지적하고 경고하기 때문에 종교개혁과도 같은 모습을 보여준다. 실례로, 제1차 영적 대각성이 일어나기 전과 그 과정 중에서 조나단 에드워즈는 알미니안주의자들과 도덕률폐기론자(Antinomians)들과 격렬한 논쟁을 벌였다. 조나단 에드워즈는 이러한 오류들이 교회의 경건의 능력을 상실케 하는 신학적 원인들이라는 것을 누구보다 잘 알고 있었기 때문에 종교 개혁자들과 같이 행하였다. 더욱이 청교도들의 종교개혁 역시 알미니안주의자들과 도덕률폐기론자들과의 싸움이었는데, 조나단 에드워즈는 이러한 청교도 신학에 직접적 영향을 받은 신학자였기 때문에 자유주의 신학과 오류에 대해 철저하게 싸웠던 것이다.

오늘날 교회가 경건의 능력을 상실하고 세상을 향하여 빛의 기능을 하지 못하고 있다면 그렇게 만드는 신학사상이 무엇인지를 파악하고 그것을 바로 잡기 위해 경고하고 꾸짖어야 한다. 이것은 교회 개혁의 출발이요, 또 부흥과 영적 대각성의 겸손한 준비이다. 왜냐하면 잘못된 신학과 오류를 지적하고 꾸짖어 사람들로 오류에서 벗어나게 하고 진리에 눈을 뜨게 하는 것은 개인의 영적 각성의 근거를 마련하는 것이며, 한 걸음 더 나아가 이러한 개인의 각성 위에 성령의 쏟아 부어주심이 있게 되면 부흥과 영적 대각성에 이를 수도 있기 때문이다.

3

부흥의 성질

1. 부흥이 필요한 때

교회가 영적으로 높은 수준의 경건을 유지하고, 그 거룩성을 온 세상에 비추고 교회 안에 회심하는 자가 계속 나타난다면, 그 교회는 생명력 있고 생동감이 있는 상태라 할 수 있다. 교회가 이러한 상태라면 굳이 부흥이 필요한 때는 아니다. 왜냐하면 교회의 특성인 거룩성과 경건의 능력을 확보하고 있기 때문이다. 그러나 교회가 쇠퇴하여 생명력을 잃어가고 어두운 상태에 있다면 그것은 반드시 부흥을 필요로 하는 때이다.

부흥을 필요로 하는 때는 1) 교회가 경건의 능력을 잃어가고 있으며, 2) 영적으로나 도덕적으로 그 수준이 매우 낮고, 3) 성경의 중요한 교리들이 남용되거나 오류 가운데 있으며, 4) 영적으로 차갑고 게으른 모습들을 가지고 있을 때이다.

이럴 때, 1) 교인들은 사랑이 식어져 있으며, 2) 무관심하며, 3) 영적인 것에 주의하지 않으며, 4) 더욱이 영적으로 무감각한 상태에 빠져 있고, 5) 세상적인 모습으로 변해 육신의 안전에만 의지하고 있어서 그들의 삶 가운데 경건을 찾아보기 힘든 상태가 된다.

이러한 특징들이 널리 펴져 일반적인 현상으로 굳어져 있다면 바로 그때가 부흥을 필요로 하는 때이다.

더욱이 교회가 영적으로 죽은 상태에 이르러, 1) 회심자들이 전혀 발생되지 않고, 2) 오히려 위선자들만 더욱 늘어난다면 진정으로 부흥이 필요한 때이다. 그리고 3) 교회 내에서 형식주의자들이 더욱 늘어나서 입술에서는 고백이 있고 외형적, 종교적 의무를 다하지만, 그 심령에는 은혜의 증거가 없는 경우가 대부분의 교인들의 모습이라면 부흥이 필요한 때이다.

교회가 영적으로 죽어 가는 상태에서 1) 사회 속에 미신이 더욱 극성을 부리며, 2) 무신론의 사상들이 더욱 팽배하게 되고, 3) 도덕적 기준이 무너지거나 땅에 떨어져서 도덕 불감증에 걸린 상태가 되어, 사회 전체가 음란하고 도적질과 사기치는 자들이 온통 세상에 판을 친다면 바로 이때가 부흥을 필요로 하는 때이다.

그렇다면 왜 이러한 상태들이 부흥이 필요한 때라고 말하는가? 부흥이란 죽어 가는 것을 다시 살리는 것이다. 성령께서 새롭게 하는 생명의 역사를 영혼 위에 베푸심으로, 즉 한 영혼의 회심의 역사로 부흥이 시작된다. 그리고 그 성령의 역사가 더욱 강하고 풍성하게 진행되어서 보다 많은 영혼이 회심하여 부흥의 불길이 높아져 간다. 이때 영적으로 죽었던 자들이 살아나고 잠자던 교인들이 일어나게 된다. 이로 인해 교회는 경건의 능력을 회복하고 회복된 경건은 사회에 영향을 미쳐 도덕적인 것을 회복한다. 바로 이것이 부흥의 성질로서 부흥을 필요로 하는 이유가 된다.

2. 부흥의 현상

부흥이 일어날 때 나타나는 현상에서 가장 핵심적인 것은 한 영혼의 회심이다. 사실 한 영혼의 회심은 그 개인의 영혼의 부흥이다. 따라서 부흥은 이러한 회심이 크게 배가하여 증가된다("multiplied"라는 단어가 이것을 표현하기에 적합하다. 이것은 어떤 집합적인 회심인 "mass conversion"과는 다르다. 제4장 1항의 "교회 성장으로서의 부흥"을 참조하라). 성령께서 한 영혼을 회심에 이르게 하는 과정에서 나타나는 현상이 부흥 가운데서는 더욱 크게 나타나는 것이다.

따라서 부흥 가운데 첫째로 나타나는 현상은, 하나님 말씀에 대해서 예외적으로 갈구하는 현상과 그 말씀 아래에서 영혼이 녹아지는 것이다. 그래서 하나님의 말씀을 듣고 배우는 데 열심을 가진다. 예를 들어 1907년 평양의 대부흥이 일어났을 때 그 부흥 가운데 있었던 자들은 하나님의 말씀을 듣고 배우기 위해 추운 겨울 날씨에도 불구하고 침식의 도구와 먹을 양식을 머리에 이고 2-3일씩 걸어서 집회에 참석했다. 부흥의 때에는 이렇게 하나님의 말씀을 귀하게 여기고 그 영혼의 만족을 위해 하나님의 말씀을 사모하는 현상이 크게 일어난다.

둘째로, 죄의 질책을 받고, 자신의 죄를 깨닫고, 그것으로 인해 신음하며 괴로워하는 현상이 나타난다. 이러한 성령을 통한 죄의 질책의 강도가 더욱 깊어지면, 그 괴로움이 영혼을 견디지 못하게 한다. 그래서 때로는 이러한 죄의 질책으로 인해서 마루 바닥을 뒹굴면서 통회하는 현상이 나타나기도 한다. 물론 이러한 죄의 질책을 받을 때 개인이 은밀하게 받을 수도 있다. 여기서 이러한 외적 현상이 본질적으로 중요한 것은 아니다. 왜냐하면 1815년에 뉴저지 대학(프린스턴 대학의 전신)에서 일어났던 부흥에서는 공적 집회에서의 사람들의 울부짖음 없이 매우 차분한 분위기 가운데 심령 속에서 죄의 질책이 일어나기도 했기 때문이다. 가슴이 찢어지는 이러한 죄의 질책이 심화됨에 따라 그 영혼들이 겸손하게 되어 "어떻게 하여야 구원을 얻을 수 있습니까?" 하는 구원에 대한 갈망의 현상이 나타난다. 특히 1907년 평양에서 일어난 대부흥 당시 이러한 현상이 매우 컸다. 이렇게 구원에 대해 갈망하는 자들이 결국 하나님께서 마련하신 그리스도를 통한 구원을 발견하고 큰 기쁨과 감사에 이르게 된다. 이러한 현상 때문에 부흥이 일어난 지역에서 사람들의 일상적 대화의 주제는 모두 이러한 은혜에 대한 이야기뿐이다. 바로 이런 현상 때문에 부흥의 불길은 이 지역에서 저 지역으로 쉽게 확장되기도 한다.

셋째로, 더욱 뜨겁게 기도하는 현상이 나타난다. 이 기도는 여러 복합적 요인들로 인해 이루어지는데 구원에 대한 갈망으로 가득 찬 죄인의 기도가 있으며, 다시 생동감을 찾은 그리스도인이 아직도 어둠 가운데 있는 형제들을 불쌍히 여기면서 하는 기도가 있고, 성령의 역사가 더욱 강해지고 계속되기를 바라는 목회자들의 기도가 있다. 기도하는 모습도 혼자 은밀히 하는 기도와 모여서 합심하는 기도 모두가 크게 일어난다.

3. 부흥의 열매들

부흥 가운데 일하시는 성령의 역사의 특성상 그 열매들이 반드시 나타나야 한다. 즉 죄에 대해서 심각하게 슬퍼하고 자신의 과거의 죄된 삶에 대해 부끄러워하는 모습과 그 죄를 벗어버리고, 죄에 대해 미워하고 싸우는 모습들이 나타나야 한다. 그것뿐 아니라 하나님과의 교제와 동행의 삶을 매우 귀중하게 여기며, 모든 은혜의 수단에 참석하는 열심이 있어야 한다. 또한 믿음의 형제간에 서로를 용납하고 용서하며, 구제하기에 힘쓰고, 다른 사람의 회심을 위해 열심을 내어, 같은 마을 사람들이나 친척들을 찾아가 그 은혜를 증거해야 한다.

더욱이 이러한 부흥 속에서 하나님의 영광에 대해 보다 큰 관심을 보이고 복음 전파에 대해 보다 심각하게 생각함으로써 헌신된 복음 사역자들이 더욱 많이 나타나는 것도 부흥의 열매 중 하나이다. 예를 들어 인디언들의 선교사였던 데이빗 브레이너드(David Brainerd)는 제1차 영적 대각성 때 회심하여 선교사가 되었다. 제2차 영적 대각성이 끝난 후 장로교 구학파의 경우는 해외 선교부를 설치하여 인도로 선교사를 보냈으며, 1857-1858년 대부흥이 일어난 다음 해인 1859년에 프린스턴 신학교는 19세기를 통틀어서 가장 많은 숫자인 95명의 입학생을 받았다. 한국의 대부흥의 경우도 마찬가지로 대부흥이 끝난 후 장로교는 독노회를 구성하고, 외지 전도부를 설치하여 이기풍 목사를 제주도에 파송하였다.

4. 부흥의 진위 여부

부흥의 진위 여부를 판단하는 데 있어서 중요한 목록들이 있다.

먼저, 하나님의 주권에 대한 인정이다. 부흥은 하나님의 계획을 성취하기 위한 하나님의 주권의 나타남이다. 따라서 인간적 목적을 성취하기 위한 수단이 아니라 하나님의 계획이 성취되는 것이 분명하게 드러나야 한다. 그러나 이러한 하나님의 주권을 인정하지 않고, 찰스 피니의 "새로운 측정법들"과 같은 인간의 방법과 수단에 의지해서 부흥을 흉내내고 어떤 효과를 만들어 내려는 것은 진정한 부흥의 성질에서 벗어난 것이다. 따라서 부흥의 진위 여부는 하나님의 주권 아래에서 겸손한 모습인지, 아니면 인간의 수단과 방법을 동원하여 인간의 목적을 실현하려는 모습인지에서 분별되어진다.

둘째로, 부흥 가운데 가르침을 통하여 진정한 부흥인지 거짓인지를 분별할 수 있다. 진정한 부흥에는 하나님의 말씀과 성경의 중요한 교리들에 대해 상당하고 심각한 가르침이 동반된다. 예를 들어 그리스도의 사역과 성령의 사역에 대한 가르침은 매우 철저히 교리적이지만 부흥에서 정수에 해당되는 가르침이다. 그러나 거짓 부흥의 경우에는 이러한 가르침을 아예 포기하고 대중적 흥분을 만들어 낼 수 있는 기계적 방법을 동원한다. 이러한 방법을 통하여 쓰러지게 하거나, 괴로워 소리를 지르게 하는 효과들을 연출하여 회개와 구원의 은혜를 받은 것으로 착각하게 한다. 하지만 이것들은 하나님의 말씀을 혼잡케 하고 어지럽게 하는 태도들이다.

셋째로, 진정한 부흥과 거짓 부흥의 차이는 그 열매에서 확인할 수 있다. 진정한 부흥은 성도들의 거룩한 삶과 경건의 열매와 헌신된 삶들을 가져다준다. 그러나 거짓 부흥의 열매들은 명목적 신자와 위선자들을 많이 생산해 낸다. 왜냐하면 하나님 말씀에 대한 충분한 지식의 부족으로 인해서 그 믿는 모습이 피상적으로 되기 때문이다. 또 흥분된 상태에서 고백한 것을 근거로 하여 그들에게 서둘러 구원을 선포하기 때문에 고백했더라도 다시 과거의 삶으로 돌아가 명목적 신자로 혹은 위선자로 전락되는 경우를 많이 생산해 낸다. 그러나 진정한 부흥 가운데 뚜렷이 맺는 열매는, 죄를 벗어 던지고 그 죄와 싸우며, 하나님을 두려워하는 가운데 그분을 섬기고, 이웃에 대해 의롭고 정직한 삶을 사는 경건의 열매들이다.

4

부흥에 대한 오해들

1. 교회성장으로서의 부흥

보통 지역 개(個) 교회에서 숫자적으로 성장한 경우 "부흥했다"고 말하는 것이, 정확한 용어 사용이 아님을 이미 부흥의 용어 정의에서 지적하였다. 그런데 이것과 유사한 또 하나의 오류는 부흥을 교회의 숫자적 성장의 수단이나 방법으로 보는 태도이다. 이것을 주장하는 대표적 인물은 "교회성장학"을 주창해 온 도널드 맥가브란(Donald McGavran)이다. 그는 부흥의 결과로서의 교회 성장을 말하고 있지만 실제로는 부흥을 교회 성장의 수단과 방법으로 생각한다. 특히 그는 부흥이 교회 성장을 가져오도록 하기 위한 7가지 권고 사항을 말하는데, 이것은 부흥이 단지 교회 성장의 수단과 방법임을 드러내고 있다(McGavran, 1980, 142, 143). 그 근거는 다음과 같다.

그는 첫 번째 권고 사항으로, 자신의 이론인 동질 단위 원리(HUP, Homogeneous unit principle)를 말하고 있다. 여기서 그는 부흥이 다양성을 가진 그룹에서 일어나는 것보다 동질성을 가지고 있는 그룹에서 일어나야 더욱 큰 교회 성장을 가져 올 수 있다고 주장한다. 이러한 그의 주장에서 중대한 오류를 발견할 수 있다. 예를 들어, 1907년 평양 대부흥 때 죄의 자복들이 있었는데, 많은 사람들이 서로 사랑하지 못한 것을 많이 회개했다. 선교사들과 교인들 간에 서로 사랑하지 못한 것, 교회 내에서 계층간의 갈등(양반과 평민, 평민과 백정 등)으로 인해 사랑하지 못함을 회개하였다.

그러나 맥가브란의 이론에 의하면 이러한 회개 운동은 교회 성장을 위해 그리 효과적이지 못하다. 이것이 그가 부흥을 교회 성장의 수단으로 생각하고 있음을 드러내는 증거이다. 또한 맥가브란의 잘못은 부흥을 인위적으로 동질성 그룹에서 일어나도록 할 수 있는 것으로 파악하고 있다는 것이다. 아마도 그는 부흥과 부흥주의를 혼동하고 있는 듯이 보인다.

그의 두 번째 권고 사항은 부흥이 이미 성장하고 있는 회중 가운데 일어나야 교회 성장이 더욱 효과적이다는 것이다. 물론 외적인 것으로 판단한다면 이것은 맞는 말일 수도 있다. 그러나 이러한 태도는 한국 교회에서 부흥이 일어나기 전의 모습과 상반된다.

1905년부터 선교사들은 부흥을 더욱 갈망하게 된다. 그들은 교회 성장을 위해 부흥을 갈망한 것이 아니었다. 역사적, 사회적 요인으로 인해 많은 사람들이 교회로 몰려오는데, 진리를 아직 모르는 자들이 세례교인들보다 숫자적으로 훨씬 더 많고 그 비율이 거의 10:1에 육박하고 있었다. 그리하여 선교사들은 이대로 가면 복음의 진리와는 다른 방향으로 교회가 이탈될 것을 염려한 나머지 이들이 회심할 수 있는 강력한 성령의 역사하심을 간구했던 것이다. 이러한 그들의 간절함을 들어 응답하신 것이 한국의 대부흥이다. 미국의 1, 2차 영적 대각성, 대부흥 역시 마찬가지다. 숫자 때문에 기도하고 부흥을 갈망한 것이 아니라 경건의 회복을 위해서였다.

여기서 그가 부흥을 교회 성장의 수단으로 생각하고 있는 증거를 찾아볼 수 있는데, 바로 교회가 성장하고 있는데도 부흥을 원한다는 것이다. 왜냐하면 교회가 정상적으로 성장하고 있다면 그것은 부흥을 필요로 하는 때가 아니기 때문이다. 부흥을 필요로 한다는 것은 이미 3장 1항에서 살펴본 바와 같이 교회가 영적으로 하락의 상태에 있을 때이다. 그러나 맥가브란은 성장하고 있는 회중에게 부흥이 일어나야 한다고 말함으로써 부흥을 교회 성장의 수단으로 생각하고 있는 것이다.

맥가브란은 세 번째와 네 번째 권고 사항 속에서 집단 회심(Group Conversion)과 피플 무브먼트(People Movement)를 언급하고 있다. 이는 부흥을 큰 대중의 회심으로 보는 것이다. 이것은 실로 매우 잘못된 것이다. 부흥 혹은 영적 대각성 때 많은 사람들이 회심하기 때문에 이처럼 생각할 수 있지만, 사실 그들이 즉각적으로 회심에 이르는 것이 아니다. 이미 그 심령 속에서 죄의 질책을 받고 그 영혼이 낮아지며 겸비케 되어 '어찌하면 구원을 얻을까' 하는 영적 과정을 통과한 자들이 회심하는 것이다. 이러한 영적 과정을 거치기까지는 하나님 말씀의 상당한 지식도 요구되고, 많은 생각과 고민도 있었으며, 때로는 자신의 죄와 죄성 때문에 괴로워하며 기도하기도 했다. 따라서 이러한 영적 과정들을 무시하는 "대중 회심"(Mass Conversion)이라는 용어는 개혁주의 입장에서 받아들이기 힘든 신학적 기저(基底)이다. 왜냐하면 이는 어떤 감정에 치우친 감정주의로 일시적 믿음을 양산해 낼 수 있으며, 혹은 지식 없는 열광주의로 빠질 수 있기 때문이다.

결론적으로 맥가브란과 같이 부흥을 교회 성장의 수단으로 생각하여 그것을 추구한다면 그것은 부흥의 본질에서 벗어나는 태도이다. 더욱이 본질을 뒤로 한 채 부흥의 결과와 효과만을 얻으려고 하는 것은 잘못된 태도이다. 이러한 태도는 결국 인본주의 부흥신학인 부흥주의에 빠지게 할 것이다.

2. 전도집회

제1차 영적 대각성이나, 제2차 영적 대각성은 한 지역에서 가졌던 일련의 성경공부 혹은 집회 가운데서 일어났다. 그리고 이들이 하였던 성경공부와 강해는 그 내용이 깊고 분량도 상당하였다. 또한 그들이 가졌던 집회는 일회적이거나 제한적인 것이 아니었다. 1903년부터 일어나기 시작한 한국의 대부흥 역시 지역교회에서 성경공부 혹은 기도회 가운데 성령의 쏟아 부어주심이 있었다. 그리고 이러한 부흥이 일어나기 전 대부분 이미 상당한 교리적 성경공부가 교회 내에서 행해진 상태였다. 물론 이것은 3부에서 살펴볼 수 있는 것과 같이 부흥이 전혀 준비되지 않은 토양에서 일어나는 것이 아니라 성령의 죄의 질책의 역사가 가능하도록 하나님 말씀에 대한 성경공부가 되어진 상태에서 일어나는 것을 의미한다.

그런데 문제는 이러한 중요한 전제는 무시하고, 금방이라도 일어나는 부흥을 기대하면서 그 수단인 집회에 중요성을 두고 "전도집회"(evangelistic crusade)를 여는 것이다. 그리고 이러한 것을 하나의 메카니즘으로 만들어서 기계적인 방법론들을 계속 개발해 내고 있다. 실제적으로 1903년에서 1907년에 대부흥을 경험한 한국 교회는 1910년에 다시 한번 더 부흥을 기대하면서 100만인 구령운동을 하였다. 물론 이때 100만인 구령운동을 어떤 부흥의 수단으로 생각한 것에 대해 장로교 선교사들은 탐탁하게 생각하지 않았다. 각성에 대한 상당한 연구를 했던 에드윈 오르(Edwin Orr) 역시 이 점을 지적하여 1903-1907년의 대부흥과 1910-1911년의 전도 캠페인과의 구별은 반드시 필요하다고 하였다(Orr, 1975, 33). 즉 전도집회와 부흥은 전혀 다른 것이다. 그리고 이러한 수단에 의지하여 메커니즘적으로 행하는 "전도집회"를 가지고서는 부흥을 기대하기 힘들다. 왜냐하면 영적 대각성 당시 각 지역에서 부흥이 일어날 때 어떤 짧은 기간의 집회를 통해서 일어난 것이 아니기 때문이다. 부흥이 일어나기 전 경건한 목회자 혹은 교사가 교회의 경건을 회복하기 위해, 또 죄인들을 회심시키기 위해 최소한 6개월에서 3-5년 동안 성경공부를 해왔다. 이렇게 수개월, 수년간의 성경공부를 통해서 그 심령들이 가난해지고 이른비와 단비를 구하는 심령으로 되어진 가운데 부흥이 일어난 것이다. 부흥이 일어나기 전 그들은 충분한 하나님 말씀에 대한 지식이 있었고 이 지식 속에서 성령의 죄의 질책이 있어서 그 심령이 겸허해졌다. 이러한 현상들이 부흥의 전조이다.

제1차 영적 대각성이 고조에 이르렀던 1739년 11월, 영국의 조지 휫필드(George Whitefield)가 아메리카에 왔다. 이때 중부 지방에서 부흥을 위해 열심히 일하고 있던 길버트 테넌트(Gilbert Tennent)가 그에게 부흥이 일어나고 있는 지역들을 같이 순회하자고 제안했다. 이때 휫필드는 길버트와 함께 뉴욕과 뉴저지 지역을 순회하였고 필라델피아에서 매일 집회를 가졌으며 주일에는 세 번의 집회를 열었다. 이리하여 영적 대각성의 불길은 더욱 세차게 번져 나갔다.

그러면 이러한 불길이 휫필드의 집회로 인한 것인가? 아니다. 이미 길버트 테넌트와 그의 형제들, 그리고 그의 아버지 밑에서 수학한 통나무 대학(Log College) 출신의 목회자들의 10년간의 경작이 있었다.

한국의 평양 대부흥 역시 마찬가지이다. 정월 첫째 주 오전에 성경공부를 시작으로, 오후에는 전도, 저녁에는 전도집회를 가졌는데, 8일째 되는 저녁 집회에서 성령의 쏟아 부어주심이 일어났다. 이러한 대부흥은 어떤 집회로 인한 것이 아니라, 10년이 훨씬 넘게 이어졌던 죄인들의 회심을 위한 성경공부와 교회의 경건을 위한 선교사들의 수고에 대한 주권적인 하나님의 응답하심이었다.

이렇게 부흥은 갑자기 일어나는 것이 아니라 반드시 이러한 전

조성을 가지고 일어난다. 그래서 경건한 목회자들과 또는 선교사들이 더욱 그 부흥에 대해 기도하게 하였다. 부흥을 갈망한 선교사들이 1907년 1월의 부흥을 위해 수개월 전부터 기도한 것도 바로 이러한 이유에서이다. 따라서 어떤 즉각적인 부흥을 기대하면서 여는 기계적인 집회는 바람직하지 못하다.

3. 부흥주의

제1장에서 언급한 바와 같이 부흥주의는 카인 릿지 집회로부터 감리교도들에 의해 시작되었다. 그리고 이것을 "새로운 측정법들"로 개발한 찰스 피니에 의해 더욱 본격화되었다. 이 부흥주의의 원리는 인간들의 가능한 수단들을 동원하여 부흥을 만들거나 증진시키는 것이다. 이러한 원리는 1820년대의 인간의 자연적 능력을 강조한 나다니엘 테일러의 말을 찰스 피니가 부흥주의 원리에 적용한 것이다. 찰스 피니의 이러한 인간의 능력을 강조한 인본주의는 펠라기우스 신학으로 기울어지게 하였다. 그리고 이러한 신학을 같은 장로교내에서도 옹호하는 자들이 세력을 결집하게 되었는데, 반즈 주석의 저자로 유명한 알버트 반즈(Albert Banes), 조지 듀필드(George Duffield), 라이만 비처(Lyman Beecher), 나다니엘 비만(Nathaniel Beeman), 조지 치버(George B. Cheever) 등이다. 결국 장로교는 1837년, 찰스 피니를 옹호하며 실천적 펠라기우스주

의를 주장하는 신학파와, 칼빈주의를 고수하는 구학파로 분리된다 (이러한 부흥주의에 대한 신학적 평가는 제7장의 "찰스 피니의 부흥주의 신학"을 참조하라).

따라서 부흥주의는 감리교도들에 의해 시작되어 계속 그 세력을 확장하다가 찰스 피니에 이르러 장로교내에서 큰 세력을 이루게 되었다. 그러면서 부흥주의는 그 신학적 성격 때문에 반-칼빈주의 운동으로 발전되었다(Smith, 1957). 그리고 이것은 침례교, 루터교, 회중교회, 성공회, 연합 형제단, 모라비안 교도들 내에서도 더욱 세력을 얻어 확장되어 갔다. 침례교도 중에서 자유의지 침례교(Freewill Baptist) 같은 경우는 알미니안주의에 철저한 자들로서 "알미니안주의=전도"라고 생각하며 부흥주의를 옹호하는 자들이다. 그뿐 아니라, 컴버랜드 장로교(Cumberland Presbyterians), 그리스도 제자교회(Disciples of Christ), 친구들 교회(Friends)들도 "새로운 측정법들"을 그 수단으로 사용하면서 부흥주의를 지지하는 교단들이 되었다. 그리고 심지어 유니테리언(Uniterian) 교회도 이 부흥주의를 옹호하였다.

이렇게 부흥주의를 주장하는 자들은 구학파나 프린스턴 신학교를 향해 "부흥 반대주의자"라고 비난하였다. 그러나 구학파나 프린스턴 신학교는 제1, 2차 영적 대각성의 유산 가운데 있는 자들로서 진정한 부흥을 추구하는 자들이었다. 프린스턴 대학의 전신인 뉴저지 대학은 제1차 영적 대각성이 마지막에 이르렀을 때 부흥의 일꾼을 양성하기 위해 세운 대학이었으며, 프린스턴 신학교의 초대 교장인 아키발드 알렉산더(Archibald Alexander)는 제2차 영적 대각성 가운데 회심한 자로서 진정한 부흥을 경험한 신학자였다. 프린스턴 신학교는 지역 교회에 부흥이 일어났을 때 수업을 중단하고 신학생들을 그곳으로 보내어 돕게 하였으며, 19세기에 부흥을 10회나 경험하였다. 따라서 이들에 대한 부흥주의자들의 비난은 육적인 자들의 고소에 지나지 않는다.

부흥주의를 체계화했던 찰스 피니는 자신의 부흥주의 실행으로부터 딜레마에 빠지게 되었다. 소위 자신의 집회를 통해 회심하였다고 주장하는 자들에게서 거듭남의 증거라든가 경건의 모습을 찾아보기 힘든 것이었다. 그래서 그는 자연스럽게 완전주의를 주장하게 되었다. 이러한 완전주의는 부흥주의의 또 다른 모습으로 자리 잡았다. 그리고 이것은 웨슬리안의 완전주의와 같은 것으로서 힘을 같이 하여 더욱 번성의 기로에 서게 되었다. 그뿐 아니라 1850년대에 윌리엄 보드만(William Boardman)의 책 보다 높은 그리스도인의 삶(The Higher Christian Life)의 인기에 편승하여, 부흥주의와 완전주의는 뗄래야 뗄 수 없는 관계가 되었다.
이러한 부흥주의의 성격 때문에, 부흥주의는 1860년대 이후에 성결운동 혹은 성결 부흥운동으로 발전한다. 이뿐 아니라 도덕 회복 운동의 성격이나 사회복음의 특징도 나타나서 노예해방운동의 선두에 나서게 된다. 부흥주의가 이러한 성격으로 발전하는 것은 그 신학적 성격 때문이다. 진정한 거듭남과 회심이 있어야 경건과 그에 따른 도덕이 열매와 증거로 나타나는데, 그들이 말하는 회심을 거쳐도 이러한 경건과 도덕이 나오지 않자 성결운동을 일으키고 이것의 신학적 근거를 만들기 위해 완전 성화와 두 번째 축복을 말할 수밖에 없었던 것이다. 그리고 인본주의 색깔 때문에 민주주의 인간성을 강조하고 이것으로 인하여 사회복음의 성격을 가지게 되었다.

19세기말부터 20세기 중반에 이르기까지 부흥주의는 전문적 부흥사들의 활동으로 인해 더욱 대중적이게 되었다. 대표적 인물로 윌버 채프만(Wilber Chapman), 윌리엄 라일리(William Riley), 제임스 그레이(James Gray), 제임스 버스웰(James Buswell), 빌리 선데이(Billy Sunday) 등이다. 그리고 오늘날 빌리 그레이엄까지 이어진다.

그러나 이들의 모습을 제1차 영적 대각성 당시의 조나단 에드워즈(Jonathan Edwards), 길버트 테넌트, 조나단 디킨슨(Jonathan Dickinson), 그리고 제2차 영적 대각성 당시의 제임스 맥그리디

(James McGready), 에드워드 그리핀(Edward Griffin), 아사헬 네틀톤(Asahel Nettleton), 1857-1858년 대부흥 당시의 제임스 알렉산더(James Alexander)의 모습과 비교하면 그 전하는 메시지나 방법이 전혀 다르다. 영적 대각성이나 대부흥 때의 설교와 가르침들은 매우 교리적이면서 내용도 깊었다. 1시간 정도에 끝날 설교가 아니었다. 그 설교들은 2-3시간을 족히 넘는 것들로서 신학 강해, 그 자체였다. 그러나 대중적 부흥사들은 때때로 감정주의나 환상주의적 방법과 기술을 사용하고, 전하는 메시지도 얄팍하기 그지없다.

따라서 개혁주의 입장에서 부흥과 부흥주의의 차이점을 인식하고, 그 용어 사용에 있어서 먼저 주의를 기울여야 하며 진정한 하나님의 주권 아래에서 선물로 주시는 참된 부흥을 추구해야 한다.

4. 흥분적이고 감정적인 부흥회

19세기 중엽 이후 부흥주의의 실제적 실천으로서 감정과 흥분을 일으키는 것을 목적으로 하는 부흥회가 거의 일반화되었다. 집회에서 설교자들은 청중들의 주관적이며 자발적인 감정을 일으키기 위해 수동적 감각들을 흥분시키는 여러 방법들을 사용한다. 이러한 태도는 사람들의 영혼을 모욕하는 것이다. 왜냐하면 사람들은 종교적인 어떤 것을 느끼기 원하는데 이런 점을 이용하여 객체를 결여시키고 어떤 환상으로 착각하게 만들기 때문이다.

이러한 감각적 흥분을 일으키기 위해 설교자들은 상상력을 동원하여 소설 같은 이야기를 하거나, 심리적 설교, 과장이나 거짓 모션을 써서 청중을 웃겼다, 울렸다 한다. 이들의 설교와 종교적 가르침들은 육신적인 감정과 본능적인 연민을 일으키기 위한 것들이다.

이러한 설교 외에 그들이 사용하는 수단은 과도하게 노래를 부르고, 시끄럽게 기도하며, 눈물이나 괴로움의 표정들을 짓는 것이다. 이러한 것들로 인해 청소년들이나 쉽게 감정 유입을 받는 자들은 쉽게 몸을 떨며, 눈물을 흘린다. 이것은 곧바로 옆에 있는 회중에게 영향을 주어 온통 흥분의 도가니가 되게 한다. 그러고 나서 설교자는 이것이 성령의 역사라고 말한다. 그러나 진리의 객체가 결여되어 있는 상태이기 때문에 실제로 그들의 심령은 공허할 수밖에 없다. 그래서 그 공허함 때문에 계속 이러한 집회에 참석하여 그것을 순간적으로 메우려고 한다.

이러한 부흥회를 통해 일어난 감각적 흥분은 어떤 변화나 교정된 증거가 아니며, 성화된 상태의 증거들을 생산해 낼 수 없다. 성경적 진리는 인간이 자연적 상태에서 스스로 영적인 것을 추구할 수 없다고 말한다. 즉 거듭나지 않은 자는 구원에 관련된 어떤 영적 행위를 할 수 있는 의지의 능력이 없다는 것이다. 그러나 감정적 부흥회를 인도하는 자들은 이러한 성경의 교리를 뒤집어서 수동적 감각에 자극을 주어, 의지의 변화는 전혀 없음에도 불구하고 구원의 변화의 증거로 삼고 있다.

물론 이러한 수동적 감각의 자극으로 인해 두려움과 기쁨, 소망과 연민이 일어나지만, 이것은 이기적인 것 외에는 아무것도 아니다. 때때로 이러한 이기적인 두려움과 기쁨은 죽음과 심판과 관련하여 일어나기도 한다. 그러나 의지의 변화나 개혁과는 아무 관계가 없다. 예를 들어 어떤 사람이 설교자의 설교로 인해 하나님의 심판이 두려워져서 그리스도를 믿기로 했다 하자. 그러나 그가 단지 심판과 고통으로부터 구해 주는 그리스도만을 필요로 하고, 죄와 그 오염으로부터 건질 수 있는 그리스도를 필요로 하지 않은 채 자신을 여전히 죄 가운데 방임한다면 그것은 이기적 감정에 불과한 것이며 일시적인 것이다. 그럼에도 불구하고 오늘날 많은 부흥회 설교자들이 이러한 실수를 계속 저지르고 있다.

이러한 일시적이며 객체가 결여된 감정적 체험에 반하여서 진정한 영적 체험이 있다. 이것은 성령께서 한 영혼 위에 역사함으로 깨우치고, 죄를 질책하고, 회개하는 과정에서 일어나는 것으로서 "의에 주리고 목마른 것", "죄를 슬퍼하고 미워하는 것", "하나님의 은혜를 갈망하는 것", "진리를 사랑하는 것", 그리고 "그의 영광을 위한 열심"과 같은 체험들이다. 이러한 체험들은 흥분적인 것들이 아니라 객관적인 것들이다(이러한 객관적 체험들에 대해서는 조나단 에드워즈의 종교적 감정들<Religious Affections> 을 참조하라).

이러한 감정적 부흥회 가운데 또 하나의 무서운 오류는 흥분된 자들로 하여금 서둘러 신앙 고백을 하도록 유도하는 것이다. 이것을 위해 일어서게 하거나 제단 앞으로 불러 나오게 하기도 하고, 사람들 앞에서 간증하게 만든다. 이렇게 행하는 설교자는 그들이 회심하였다고 믿는 것이다. 그러나 실제로 그들 대부분은 충분한 진리의 지식이 결여되어 있거나, 그것에 대해 충분히 생각하지 않은 상태다. 더욱이 설교자는 그들에게 자기 점검의 시간을 주지 않을 뿐만 아니라, 진정으로 영적 변화가 있는지를 살피는 의무도 행하지 않는다. 회심의 열매를 확인하거나 변화의 증거를 기다리지 않고 서둘러서 그들을 향해 구원을 선포한다.

결과적으로 은혜 없이 이름만 그리스도인 자들이 양산되고, 그 영혼으로 하여금 스스로 속고 살도록 만들며, 거짓 확신 가운데 사는 위선자, 과거의 삶으로 돌아가는 자들을 만들어 낸다. 이것뿐만 아니라 이렇게 서둘러 구원을 선포한 설교자는 이번 집회에 몇 십 명, 몇 백 명이 회심하였다고 광고하기를 주저하지 않고, 그 숫자적 결과에 의미를 두는 경우가 많다. 분명히 이와 같은 방법론에 치중하는 그들에게 열심이 있는 것은 사실이지만 지식이 없는 열심이다.

5. 부흥을 반대하는 자들

부흥이 일어날 때 항상 반대하는 자들이 나타나는 것은 이상한 일이 아니다. 그들이 부흥을 반대하는 주된 이유는, 부흥 가운데 나타나는 오류들과 악 때문이다. 부흥 가운데 가장 잘 나타나는 오류와 악은 열광주의자들이다. 열광주의자들이 나타나서 감정적 흥분을 일으키기 위한 방법들을 행하고, 그것에 따른 거짓 회심자들이 부흥 가운데 나타난다. 그들 가운데는 하늘로부터 직접 계시를 받았다고 주장하는 자들도 있다. 따라서 이러한 과도한 현상 때문에 부흥을 반대하는 자들이 있게 된다.

그러나 우리가 여기서 분명히 알아야 할 것은 하나님께서 주신 부흥의 자체 성질로 인해서 이러한 오류와 악들이 발생하는 것이 아니라는 점이다. 첫째로 이러한 오류와 악은 하나님 나라의 진전의 성격을 가진 부흥을 방해하려는 사탄의 전략이며, 그래서 부흥이 일어날 때마다 항상 나타난다. 둘째로, 이것은 인간의 죄성과 연약함 가운데 발생된다. 때로는 온전한 체험이 아니라 부분적 혹은 임시적 영적 체험을 한 자가 교만하게 되어 이러한 오류와 악을 퍼뜨리는 도구가 된다. 그래서 하나님께서 주신 부흥이 이러한 악과 오류들로 인해 혐오하는 것들로 바뀌게 된다.

이러한 이유로 부흥을 반대하는 것이 당연하게 여겨질 수도 있겠다. 그러나 그러한 태도는 분명 하나님께서 주시는 부흥 가운데 진정한 열매인 알곡들을 보지 못하고 가라지만을 보는 잘못된 태도이다. 더욱이 부흥을 반대하는 자들이 영적인 것에 전혀 감각이 없는 자들이 되어서, 하나님께서 하시는 일들을 보지 못하고 그것에 반대하는 도구가 되어서는 안 된다.

물론 우리는 부흥 가운데 나타나는 악과 오류를 막기 위해 회중들에게 하나님 말씀의 지식을 충분히 가르쳐야 하며, 이러한 악과 오류들이 확산되는 것을 막기 위해 이들의 신학적 오류를 부흥 가운데 지적해야 한다(제11장 "부흥의 장애요소와 부흥을 방해하는 악에 대한 대응"을 참조하라).

제 2부

부흥 신학

제2부 부흥 신학

**부흥에 대한 신학적
해석**은 두 가지이다.
하나는 하나님 주권 중심에서 해석하는 개혁주의 입장이고,
또 다른 하나는 인본주의적 해석이다.
개혁주의 부흥 신학자로서는 조나단 에드워즈가
그 대표적 인물이며,
인본주의 입장에서는 찰스 피니가 대표한다.
따라서 제2부에서는
조나단 에드워즈의 부흥 신학에 대해 살펴보고,
또한 개혁주의 부흥 신학이 청교도 신학으로부터 온 것을
확인한 후, 찰스 피니의 부흥주의 신학을 살펴보겠다.

5

조나단 에드워즈의 부흥 신학

1. 청교도 신학 배경을 가진 개혁주의 부흥 신학자

조나단 에드워즈의 신학 배경은 그의 조상들인 뉴잉글랜드 청교도들이다. 이들 중 특히 토마스 후커(Thomas Hooker), 토마스 쉐퍼드(Thomas Shepard), 존 커튼(John Cotton), 존 데이븐포트(John Davenport)의 영향을 받았다. 그는 이러한 배경으로 인하여 부흥이 일어나기 전 청교도와 같이 추구하던 바가 있었으며, 그리스도인의 경건의 중요성을 인식하여 그것을 교회 안에 회복하려고 노력하였다. 에드워즈에게 있어서 경건은 겸손히 하나님을 의지하고 감사함으로 순종하여 하나님을 영화롭게 하는 것이었다. 그래서 그는 교회의 경건을 회복하기 위해 세례를 베풀 때 그 영혼 위에 성령의 중생의 역사가 분명하여 경건의 덕목들이 나타나는가를 확인해야 한다고 강조하였다.

조나단 에드워즈가 교회에 경건의 회복을 추구하려 했던 그 당시 교회의 모습들은 경건의 능력을 잃어버린 재앙의 시대였다. 배교자들과 위선자들, 형식주의자들이 넘쳤으며, 거룩한 주일 성수는 가볍게 여겨졌고, 주일에 오락과 사냥 등이 행해졌으며, 가정예배는 무시되고, 기도는 거의 끊긴 상태였다(Willard, 1700).

신학적으로도 자유주의자들이 더욱 확장 일로에 있는 상황이었다. 이들은 조상들의 청교도 신학과 사상을 포기하고 알미니안주의의 길을 택했다. 그 당시 대표적인 알미니안주의자들은 르무엘 브라이언트(Lemuel Briant, 1721-1754), 에벤에젤 게이(Ebenezer Gay, 1696-1787), 조나단 메이휴(Jonathan Mayhew, 1720-1766), 그리고 찰스 촌시(Charles Chauncy, 1705-1787)였다(Jones, 1973).

조나단 에드워즈는 청교도들과 같이 교회의 경건의 회복을 위하여 인본주의인 알미니안주의와 철저히 싸웠다. 경건은 진정한 회심을 거쳐야 나오는 것인데 알미니안주의는 이를 무시하고 회심을 인간의 결정에 의한 것으로 보았다. 즉 하나님을 의지하기보다는 인간 자신을 의지한 것이다. 이렇게 구원에 있어 인간의 결정이 중요하다고 믿기 때문에 스스로 교만한 길을 택하게 만든다. 이런 면에서 조나단 에드워즈는 알미니안주의를 교회의 경건을 무너뜨리는 주범 중 하나라고 간주했으며, 하나님을 하나님 되지 못하도록 만들고 하나님을 경외하는 것을 파괴시키는 것으로 보았다.

또한 그는 교회의 경건을 해치는 도덕률폐기론자들과도 싸웠다. 도덕률폐기론자들은 은혜만을 강조하면서 성화는 하나의 선택적인 것으로 생각하는 자들이다. 그리고 이들은 환상주의적, 초자연적 체험만을 강조하고 기록된 말씀을 무시하는 경향을 가지고 있었다. 그래서 영적 대각성 가운데 그 진정한 부흥을 가로막고 부흥을 잘못된 것으로 오해하도록 만들 수 있는 자들이었다. 따라서 조나단 에드워즈는 부흥을 변호하는 입장에서 이들과 싸웠다(도덕률폐기론은 1636-1638년 뉴잉글랜드 청교도들에 의해서 이단으로 정죄되었다).

이뿐 아니라, 조나단 에드워즈는 1750년 그가 23년간 있던 교회를 사임할 때도 교회의 경건을 해치는 요소인 "절반 언약"(Halfway Covenant)을 개혁하려다 반대에 부딪쳐 그만두게 되었다.

이와 같이 조나단 에드워즈의 신학과 부흥 신학을 이해하기 위해서는 그가 청교도들과 마찬가지로 하나님께 영광을 돌리는 그리스도인의 경건과 교회의 경건의 회복을 추구했다는 것을 염두에 두어야 한다.

2. 부흥에 있어서의 하나님의 주권

1736년에 출판된 노샘프턴과 뉴햄프셔 마을에서 일어난 회심 이야기들(*A Faithful Narrative of the Surprising work of God, in the Conversion of Many Hundred Souls in Northampton, and the Neighboring Towns and Villages of New Hampshire, in New England*)이란 책에서 조나단 에드워즈는 부흥의 정의를 내리면서, 부흥의 원 저자가 하나님이심을 강조하였다. 부흥의 역사는 조나단 에드워즈의 설교나 조지 휫필드의 웅변적인 설교에 기인한 것이 아니라 하나님의 주권적 역사이다. 따라서 부흥이란 인간들이 어떤 상황 속에서 어떤 특정한 일들을 수행하여 일어나는 것이 아니다. 영적 대각성의 원인을 단지 수단에 불과한 인간에게 돌릴 수 없다. 그리고 하나님께서는 부흥을 허락하심으로써 하나님 자신의 영광을 보여 주며, 그분의 주권과 능력, 완전하심을 높이고자 하시는 것이다.

조나단 에드워즈는 부흥이 하나님의 주권적인 역사임을 논쟁할 때 다음과 같은 근거를 들었다.

"부흥이 일어났을 때 회심한 자들을 살펴보면, 그들은 서로 다른 인종들이었고 나이들도 매우 다양했으며 경제적 환경도 달랐고, 같은 설교지만 다른 결과들을 낳았는데 이것은 부흥의 진정한 원인이 하나님께 있기 때문이다."

이렇게 조나단 에드워즈의 부흥 신학은 개혁주의 부흥 신학으로 하나님 중심 사상에 근거를 두고 있다. 그러나 19세기부터 시작하여 오늘날까지 유행으로 만연된 부흥주의는 이러한 하나님 중심 사상에서 떠나 있는 것이다(제7장 "찰스 피니의 부흥주의 신학"을 참조하라).

3. 겸손한 부흥의 준비

부흥은 하나님의 주권적 선물이지만 인간으로서 해야 할 의무가 있다. 조나단 에드워즈는 그의 책 겸손한 시도(A Humble attempt to promote Explicit Agreement and Visible Union of God's people in Extraordinary Prayer for the Revival of Religion, 1746)에서 하나님의 선물인 부흥을 갈망해야 될 뿐 아니라 이것을 위해 특별 기도를 해야 할 것을 강조하였다.

이 책에서 조나단 에드워즈는 스가랴 8:20-22을 강해하면서 하나님께서는 그분의 백성의 집합적인 기도를 사용하셔서 천년왕국의 도래에 사용하실 것이라 말했다. 하나님께서는 자신의 일을 행하고자 하실 때 사용하는 사람들이 있다. 그들은 그 일이 이루어지기를 기대하며 충분히 낮아진 자로서 기도하는 자들이다. 하나님께서는 이렇게 겸손히 기도하는 자들을 하나님 자신의 뜻을 이루기 위해 사용하신다. 따라서 하나님의 주권적이며 특별한 선물인 부흥을 위해 특별 기도를 하는 것은 당연하다고 그는 생각하였다.

더욱이 조나단 에드워즈의 신학 원리 중 하나는 은혜가 귀하다는 것을 깨달았으면 그 은혜를 얻기 위해 그리스도에게로 달려와야 할 것을 강조하였다. 특히 열왕기하 7:4의 네 문둥병자가 "성에 들어가자고 할지라도 성중은 주리니 우리가 거기서 죽을 것이요 여기 앉아 있어도 죽을지라 그런즉 우리가 가서 아람 군대에게 항복하자 저희가 우리를 살려두면 살려니와 우리를 죽이면 죽을 따름이라"고 한 구절을 강해하면서 은혜를 구하는 원리를 설명하였다. 그리고 바로 이것을 부흥의 겸손한 준비에 적용하였다. 물론 이것은 청교도들이 강조했던 원리로, 하나님께서 주시는 부흥이 그렇게 귀하고 좋다면 그것을 얻기 위해 하나님 앞에 겸손히, 간절하게 구하라는 것이다.

이러한 조나단 에드워즈의 "겸손한 시도"("Humble Attempt," 보통 줄여서 이렇게 부름)의 원리는 제2차 영적 대각성이 일어나기 전 그것의 중요한 수단으로 작용하였다. 또한 한국의 대부흥 때에도 선교사들의 이러한 "겸손한 시도"가 있었다.

4. 부흥 가운데 나타나는 사탄의 역사

조나단 에드워즈는 부흥의 때에 사탄이 더욱 전략적으로 가라지를 뿌려 혼합시킴으로 하나님께서 은혜로 부어 주신 부흥을 무위로 만들려는 것에 대해 더욱 주의하라고 경고하였다. 왜냐하면 부흥이 일어났을 때 사탄은 사람들을 교만하게 만들고, 지나치게 비판적인 자들을 일으키며, 이상한 영적 현상을 일으켜 성도들을 혼동시키고, 열심을 다른 방향으로 이끌어 경솔한 행동들을 야기시키기 때문이다. 그는 이러한 사탄의 역사에 대해 부흥론에 관한 자신의 책 중 하나인 부흥에 대한 생각들(Thoughts on the Revival)에서 본격적으로 다루고 있다. 또한 그는 부흥의 때에 나타나는 현상에만 집착하게 되면 환상주의적으로 될 뿐 아니라, 가짜를 가지고 속이는 사탄의 꼬임에 빠지게 될 것이라고 말했다.

5. 부흥과 회심 신학

보통 조나단 에드워즈를 "부흥 신학자", "경험의 신학자", 혹은 "마음의 신학자"라고 부른다. 이는 그가 토마스 후커와 토마스 쉐퍼드의 영향을 받아 청교도의 회심 신학에 정통하였으며, 이러한 청교도 신학들을 자신의 회심에도 적용했기 때문이다. 따라서 회심의 체험을 분석하는 데 전문가였던 그는 회심한 많은 사람들에게 강력하게 임하는 부흥에 대해서 당연히 뛰어난 전문가일 수밖에 없었다.

노샘프턴과 뉴햄프셔 마을에서 일어난 회심 이야기들은 인간 영혼 속에서 일하시는 성령의 역사에 대해 정통한 그의 신학적 기술을 보여 주고 있다. 여기서 우리는 그가 청교도의 회심 신학을 그대로 전수받았다는 증거를, 율법의 질책 기능을 비롯해서 회심을 향해 가는 영적 과정을 잘 설명하는 데서 확인할 수 있다. 또한 그의 유명한 설교인 "죄인들을 정죄하는 하나님의 공의"(The Justice of God in the Damnation of Sinners)에서는 하나님의 공의와 그에 따른 심판을 강조함으로써 죄인들을 질책했다. 이것은 바로 이러한 회심의 과정을 염두에 두고 한 설교이다.

1741년에 출판한 성령의 역사의 분명한 표식들(*Distinguishing Marks of a Work of the Spirit of God*)은 성령의 역사를 점검하는 실제적인 지침서라 할 수 있다. 그리고 그의 가장 유명한 책 중의 하나인 1746년에 나온 종교적 감정들(*A Treatise concerning the Religious Affections*)은 칭의의 체험을 분석한 것으로 진정한 체험과 거짓 체험에 대한 구별을 보여 주고 있다. 1749년에 편집하여 출판한 데이빗 브레이너드의 일기(*An Account of the Life of Rev. David Brainerd*)도 바로 회심 혹은 한 영혼 속에서 일어나는 영적 진보 과정(청교도 용어로 "Heart Religion"이라고 부른다)을 변호하기 위한 작품이었다.

따라서 영적 대각성을 통하여 청교도의 회심 신학의 회복을 가져 왔다. 물론 부흥을 반대하는 자들은 이러한 "회심 신학"을 반대했으며, 회중교회(Old Lights와 New Lights로 분열)와 장로교회(Old Side와 New Side로 분열)는 분열의 아픔을 맛보기도 했다.

6. 부흥과 경건의 회복

부흥 전의 교회의 모습은 회심이 아주 드물게 일어나고 그리스도인들의 심령도 매우 미온적이다. 그러나 소나기와 같은 성령의 부어 주심으로 모든 사람의 영적 감각이 살아나게 되고 양심이 크게 각성되어 자신들의 죄를 보기 시작한다. 이로 인해 어떤 이는 몹시 괴로워하고 고통스러워한다. 그리고 죄의 질책으로 인하여 도무지 자기 자신을 구원할 수 없음을 인정하고 낮아지게 되어 결국에는 하나님께서 마련하신 구원의 방법인 그리스도를 받아들이게 된다. 이러한 일련의 회심의 과정은 회심의 증거와 열매로서 경건을 생산하게 한다. 그래서 회심한 그들은 하나님의 임재를 인식하고, 하나님을 아는 지식에 즐거워하며, 하나님을 두려워하는 가운데 죄를 미워하고 죄와 싸우며, 하나님의 사랑을 확신하고 그분과 동행하기를 애쓴다. 따라서 이러한 회심이 많이 발생하는 부흥이 일어나게 되면 교회는 경건의 능력을 회복하고 사회 속에서도 그리스도인의 경건이 매우 강력하게 빛을 발하게 된다. 조나단 에드워즈는 바로 이것 때문에 부흥을 갈구하였다.

7. 부흥과 선교

조나단 에드워즈는 후-천년론자(post-millennialist)였다. 그래서 그는 하나님의 공의를 아는 지식이 온 세상을 뒤덮는 세상의 회심을 바라보았고, 부흥이 그러한 결과를 가져올 것이라고 믿었다. 조나단 에드워즈의 이러한 부흥-선교 사상은 그로부터 약 40년 후 영국의 앤드류 풀러(Andrew Fuller)와 윌리엄 케리(William Carey)에게 영향을 주어 현대선교운동이 시작되게 하였다. 그리고 미국 내에서도 1790년부터 일어나는 해외선교운동에 직접적인 영향을 주었다. 조나단 에드워즈의 겸손한 시도는 이때 다시 재출판되어, 미국의 해외선교운동의 교과서와 같이 사용되어졌다.

6

부흥 신학과 청교도 신학

청교도 운동이 아메리카 대륙으로 건너오게 되는 것은 1620년 분리주의자 청교도들이 메이플라워를 타고 플리머스에 도착하면서이다. 그리고 1628년부터 독립주의 청교도들과, 1630년을 넘어 장로교 청교도들이 영국에서 보스턴을 중심으로 지금의 매사추세츠 주로 이주하였다. 그리고 1640년까지 청교도들의 이주가 계속되었다. 이렇게 아메리카 대륙으로 이주한 청교도들을 뉴잉글랜드 청교도라고 부른다.

아메리카 대륙으로 이주해 온 청교도들은 보다 편안한 삶을 영위하기 위해 이주한 것이 아니었다. 그들은 광야의 땅에서 하나님의 영광을 나타내야 한다는 사명에 불타 있었다. 그래서 그들이 살고 있는 도성 언덕 위에 예배당을 짓고 그리스도의 빛으로 그들이 살고 있는 땅을 거룩한 땅으로 만들려고 노력하였다. 따라서 이들은 하나님의 영광을 드러내려는 수단으로 엄격하게 주일성수를 하였으며 교회에서 세례를 베풀 때 그 청원자를 매우 세밀하게 심사하였고, 각 성도의 가정에서는 가정예배가 드려졌다. 이뿐 아니라 겨울철 예배당 안의 물이 얼 정도로 추운 날씨 가운데도 청교도들은 모여서 3-4시간씩 기도하였다.

그러나 한 세기가 흐르면서 여러 가지 요인들로 인해 이러한 청교도 정신이 쇠퇴하게 되었다. 그리하여 이러한 교회의 퇴락을 안타까워하는 경건한 목회자들이 교회를 회복하기 위해 애쓰게 되었다. 그들은 다시 조상들의 청교도 정신으로 돌아갈 것을 외쳤다. 그들의 설교 내용은 물론이거니와 스타일도 뉴잉글랜드 청교도였던 토마스 후커와 같이 천둥치는 것과 같은 모습으로 돌아갔다.

1730년대에 들어서면서 경건한 목회자들은 더욱 구체적으로 1세기 전의 잉글랜드 청교도들과 뉴잉글랜드 청교도들의 작품들을 다시 출판하는 운동을 일으켰다(Bremer, 1994, 94). 많은 청교도들의 작품들 가운데 특히 청교도의 왕자라 일컫는 존 오웬(John

Owen), 존 플라블(John Flavel), 존 번연(John Bunyan), 제임스 제인웨이(James Janeway), 벤자민 키츠(Benjamin Keach), 토마스 고우즈(Thomas Gouge), 토마스 두리틀(Thomas Doolittle), 윌리엄 버키트(William Burkitt), 토마스 빈센트(Thomas Vincent), 모르드카이 매튜스(Mordecai Matthews), 리처드 백스터(Richard Baxter), 리처드 스탠드파스트(Richard Standfast)의 작품들이 재판되어 나왔다.

이러한 청교도들의 작품들 가운데서도 더욱 두드러지게 많이 읽혀졌던 작품들은 전도적 성격을 가지고 있는 것들이었다. 특히 리처드 백스터(1615-1691)의 회심치 않은 자들이여 돌아오라는 부르심(A Call to the unconverted to turn and live)은 32판을 기록했고, 뉴잉글랜드 청교도였던 토마스 쉐퍼드의 올바른 신자(The Sound Believer : Or, A Treatise of Evangelical Conversion)는 1736년에 다시 출판되었다가 1742년 또다시 출판되었다. 또한 영적 대각성 가운데 중요한 역할을 했던 진정한 회심(The Sincere convert)은 1735년, 1742년, 1743년에 연속으로 출판되었다.

이렇게 영적 대각성 당시 그들의 청교도 조상이었던 토마스 쉐퍼드의 영향력은 대단하였다. 사실, 조나단 에드워즈의 부흥 지침서 중의 하나인 종교적 감정들은 토마스 쉐퍼드의 회심 신학 책 가운데 하나인 열 처녀 비유(The Parable of the Ten Virgins)를 근거로 해서 쓰여진 책이기도 하다(거의 모든 내용을 빌려왔다). 또한 토마스 쉐퍼드의 장인이었던 뉴잉글랜드 청교도 신학의 주창자인 토마스 후커의 작품인 의심하는 불쌍한 크리스천을 그리스에게로 인도함(The Poor Doubting Christian Drawn to Christ) 역시 영적 대각성이 고조에 오를 때 다시 출판되었다.

영적 대각성이 일어나기 전과 진행되는 가운데 청교도들의 작품들이 다시 재출판되는 붐이 일어나는 것과 동시에 영적 대각성을 이끌었던 지도자들 역시 청교도 신학에 심취해 있었고, 그들의 설교와 신학 강의는 이러한 배경으로부터 나왔다.

먼저 뉴잉글랜드 지방에서 영적 대각성 전과 영적 대각성 때 지도자 역할을 했던 조나단 에드워즈는 그의 조상들인 뉴잉글랜드 청교도 토마스 후커와 토마스 쉐퍼드의 영향을 많이 받았다.

그리고 뉴욕, 뉴저지와 필라델피아를 중심으로 한 중부지방에서의 영적 대각성은 장로교 지도자 조나단 디킨슨과 길버트 테넌트의 인도 아래에 있었는데, 조나단 디킨슨은 청교도 신학자 윌리엄 에임즈(William Ames)와 토마스 쉐퍼드로부터 영향을 받은 자였다(Le Beau, 1997, 25; Schmidt, 1985, 343). 따라서 그는 영적 대각성 때 청교도 신학을 근거로 설교와 신학 강의를 하였다. 한편, "거듭나지 못한 목회자들의 위험"(The danger of an unconverted ministry)이라는 설교로 유명한 길버트 테넌트는 아버지로부터 교육을 받아 목회자가 되었다. 그러나 그는 철저히 청교도 신학으로 훈련받았다. 그래서 그의 설교는 내용이나 형식에 있어서까지 청교도들의 패턴을 따르고 있는데, 토마스 왓슨(Thomas Watson), 스테판 차녹(Stephen Charnock), 사무엘 윌라드(Samuel Willard), 존 플라블, 리처드 시브즈(Richard Sibbes), 매튜 헨리(Matthew Henry), 토마스 쉐퍼드, 존 커튼의 영향을 받았다(Old, 1989, 132-137).

이렇게 제1차 영적 대각성 당시 부흥을 준비하고 지지하며 변호와 보존에 힘썼던 대표적인 세 사람(조나단 에드워즈, 조나단 디킨슨, 길버트 테넌트)은 모두 직접적으로 청교도 신학의 훈련과 영향을 받은 자들이었다.

이처럼 청교도를 회복하려는 운동은 청교도 작품을 재출판하는 것과 청교도 신학으로 무장된 자들의 경건한 노력으로 점점 본격화되었다. 이것은 영적 대각성의 불이 일어나는 데 기름 역할을 하였다(Hambrick-Stove, 1993, 280). 그렇다면 청교도 정신과 신학으로의 회복이 어떻게 제1차 영적 대각성에 공헌을 했는가 하는 질문을 가지게 된다. 이에 대한 대답은 두 가지로 요약할 수 있다.

첫째로, 경건한 목회자들이 청교도들의 작품들을 수단으로 삼아서 교회의 경건의 능력을 회복하고자 하였다. 이것은 영적으로나 도덕적으로 쇠퇴해 가는 교회를 다시 회복시키려는 노력이었다. 청교도들의 작품들은 이러한 목적을 채워주는 자원들로서 충분했다. 왜냐하면 청교도들의 작품이 인본주의로 흘러가는 교회를 하나님 중심으로 바꾸려고 애쓰는 가운데 그리고 경건한 교회를 세우려고 노력하는 가운데 나온 것들이었으며, 청교도들의 작품들의 역사적, 신학적 배경이 제1차 영적 대각성 전의 배경과 같았기 때문이다. 따라서 교회의 경건을 회복하기 위해 그들이 청교도들의 작품과 그들이 했던 설교의 내용과 패턴을 따라가는 것은 당연한 것이다. 결국 이러한 경건한 목회자들의 경건 회복 운동에 하나님께서 성령을 쏟아 부어주심으로써 응답하신 것이다.

둘째로, 청교도 작품들의 특징이다. 거의 대부분의 청교도 작품들이 구원의 방법과 은혜의 수단에 대한 것들이다. 한 영혼이 그리스도에게 돌아오는 영적 과정에 대해 철저히 성경적으로 그리고 신학적으로 강론한 것이다. 그런데 특히 이 작품들은 체험적 구원의 지식으로 철저히 실천적인 것들이다. 이러한 청교도 작품들의 특징은 영적 대각성 이전과 과정 속에서 죄인들을 깨우치기에 충분한 수단들이 되었다. 그래서 영적 대각성 가운데 이것을 "마음의 종교"라고 불렀다. 그리고 이러한 신학적 전통은 프린스턴 신학교의 신학적 전통이 되어서 한 개인에 있어서 거듭남과 회심이 없이는 경건이 나올 수 없다고 하였다.

　미국의 제1차 영적 대각성은 이러한 청교도 운동으로 돌아가고자 하는 가운데 일어났다. 그러면 청교도 신학과 영적 대각성 및 부흥과의 관계를 다른 곳에서도 확인할 수 있는가 하는 질문을 가지게 된다. 정말로 과연 다른 역사적 사건에서도 청교도 신학과 부흥과의 관계가 입증될 수 있는가?

　먼저 그 답부터 말한다면 "예"이다. 왜냐하면, 제2차 영적 대각성이 일어날 때도 마찬가지였기 때문이다. 제2차 영적 대각성 때는 이미 제1차 영적 대각성의 유산이 있었기 때문에 경건한 목회자들이 더욱 적극적으로 부흥을 준비하였다. 청교도들의 작품들을 다시 출판하여 읽었을 뿐 아니라, 조나단 에드워즈의 작품이 재출판되어 교단을 초월해서 전국적으로 교회 안에서 읽혀졌다. 프린스턴 신학교 초대 교장인 아키발드 알렉산더 역시 제2차 영적 대각성 때 회심하였는데 그는 특히 청교도 존 플라블의 작품에서 영향을 받은 자이다. 제2차 영적 대각성의 후기에 일어났던(1815년) 뉴저지 대학의 부흥 사건을 보면 이러한 사실이 더욱 분명해진다. 그 당시 뉴저지 대학은 아쉬벨 그린(Ashbel Green)의 지도 아래 있었는데 그는 학생들과 학교의 경건을 위해 기도와 성경 읽는 것을 강조하고 존 오웬, 리처드 백스터와 같은 청교도들의 작품들을 읽게 하였다. 이러한 방법들을 통해 학생들로 하여금 자기를 돌아보게 할 때 드디어 성령의 쏟아 부어주심을 경험하게 되었다 (Jones, 1849).

결론적으로 청교도 신학과 부흥과의 관계는 매우 밀접하다. 그 이유는 살펴본 바와 같이 청교도 신학이 교회 개혁을 위한 신학으로 그 역사성과 신학성을 가지고 있기 때문이며, 대부분의 작품들이 은혜의 수단을 다루기 때문이다. 이러한 특징을 지닌 청교도 신학은 영적 대각성과 부흥에 있어서 기름의 역할을 하였다.

они # 7

찰스 피니의 부흥주의 신학

1. 교리적 가르침

찰스 피니의 책 부흥에 대한 강의들(*Lectures on Revival of Religion*)은 그가 사용하고 있는 방법론에 대한 교리를 말하고 있다. 예를 들어 그는 감리교도들이 썼던 방법을 사용하여 "갈망의 좌석"(Anxious seat)을 만들어 놓고 사람들로 하여금 설교자가 전한 메시지에 응답하여 이곳으로 걸어 나와 앉으라고 호소했는데, 이것은 단순히 방법론으로 존재하는 것이 아니라 교리와 신학에 근거한 것이었다. 이것은 테일러와 뉴헤이번(New Haven) 신학을 근거로 하고 있다. 먼저 이들 신학의 신론과 원죄론, 구원론은 성경을 떠나 있는데, 그 골자는 다음과 같다.

> 하나님께서는 물리적 영역에서는 주권적이시며, 도덕적 영역에서는 인간의 자유의지로 인해 제한되어 있다. 그래서 인간 위에 역사하는 하나님의 능력은 설득일 뿐이다. 따라서 하나님께서 인간들에게 영향을 주실 수 있는 방법은 자신의 마음을 제시하시는 것이다. 결국 하나님께서는 사람들로 하여금 복음을 받아들이도록, 그리고 경건한 삶을 채택하도록 설득하시는 것이다.

이와 같이 찰스 피니는 설교의 목적이 설득이라고 생각했고 이때 성령께서 하시는 일은 사람들의 마음의 주의를 가지도록 하게 하는 것이라고 생각했다. 즉 찰스 피니는 성령의 내면적 역사를 제거하고 오로지 외적 역사만을 붙잡고 있는 것이다. 이것은 인간에 대해서 원죄와 그 효과를 부정하는 펠라기우스의 가르침과 같은 것이다(Warfield, 1967, 18). 또한 인간을 중립적 통로로 보아 죄성을 부정하고 자연적 인간의 능력을 찬양한다. 그래서 인간 본성상 거듭남의 필요성을 말하지 않고 단지 "선택"을 말할 뿐이다. 인간의 부패는 자발적 태도의 변경으로 교정될 수 있다고 생각한다. 찰스 피니는 인간 본성상 진노의 자식이라는 것을 부정하고 인간이 죄인이 된 것은 그가 태어난 환경 때문인데 이 세상이 악한 동기들로 가득 차 있어 인간의 자연적 무죄가 이로 인해 부패된다고 하였다.

찰스 피니의 이러한 신관과 인간관에서 신생(新生, New Birth)은 심령의 내적 중생이 아니라 단지 선택의 변경이 된다. 찰스 피니는 인간의 중생 때 성령께서 사람의 본성 위에 영적인 것을 갈망하도록 부여하는 것이 아니라 단지 거룩한 것을 선택하도록 설득하시는 것으로 보았다. 따라서 그가 말하는 중생은 선택의 변경이다. 즉 자기 사랑에서 하나님에 대한 사랑으로의 선택의 변경, 자기 사랑에서 이웃 사랑으로의 선택의 변경이다.

"당신 스스로 새로운 심령을 만들라"(Make Yourselves a New Heart)라는 찰스 피니의 설교 제목에서 볼 수 있듯이 인간의 결정이 중생을 가져다주기 때문에 결국 죄인은 자신을 중생시키는 것이며, 하나님의 말씀은 중생을 어떻게 해야 하는 것인지를 보여 주는 것이 된다. 단지 성령께서는 죄인이 자신을 회심시킬 때 그렇게 하도록 설득하는 것에 불과한 것이다. 따라서 찰스 피니는 회심이 일어나도록 하기 위해서는 여러 수단과 방법들을 동원하여 죄인들이 죄를 "느끼도록" 해야 한다고 했다. 그리고 이렇게 죄를 느낀 죄인들이 즉각적인 결심을 하도록 압력을 주어야 한다고 했다. 이러한 그의 신학에서는 성령께서 하시는 죄의 질책의 역사가 필요 없게 된다. 단지 올바른 선택을 하도록 설득만 하면 되는 것이다.

이러한 찰스 피니의 신학적 논리에서 믿음이라는 것은 하나님 말씀의 합리성을 받아들이는 것뿐이지 그리스도를 의지하고 신뢰하는 것이 아니다. 회개 역시 행동 혹은 행위만을 고치는 것에 불과하여, 심령의 변화나, 자신의 무가치함을 느끼고 그리스도 앞에서 굴복하는 것, 죄를 미워하고 죄와 싸우는 것이 아니다. 그리고 회심은 진리와 의가 합당하다는 것을 설득함으로써 일어난다고 생각한다. 더욱이 찰스 피니는 하나님의 도움 없이 죄인 스스로가 새로운 심령을 가질 수 있다고 믿었으며, 현명한 신자라면 하늘의 도움 없이 이 땅에서 스스로 완전할 수 있다고 믿었다(Cook, 1966).

2. 부흥주의의 방법들

찰스 피니의 이러한 교리적 배경으로 인해 죄인들을 설득하기 위한 방법과 기술들은 정당화될 수밖에 없다. 그래서 그는 웅변적인 설교와 극적인 효과를 연출하는 이야기식 설교를 적극 권장하였고 "갈망의 좌석"을 사용하여 감정적 압력을 주어 설득하였다. 그리고 그가 이러한 방법들에 대해서 "새로운 측정법들"이라고 명명한 이유도 새로운 세대를 만날수록 새로운 방법들을 고안해 내서 새로운 세대들을 설득해야지 오래된 것과 낡은 방법으로는 그들을 설득할 수 없다는 이유에서였다. 찰스 피니의 이러한 명제는 오늘날 새로운 테크닉과 수단에 의한 새로운 방식의 예배, 현대 세상 감각에 맞는 복음송들에 열심인 모습 속에서 쉽게 발견할 수 있다. 이는 예레미야 6:16의 세대가 바뀌어도 변하지 않는 진리의 길을 옛적 길이라 일컫는 말씀을 헛것으로 만드는 태도들이다.

찰스 피니는 "갈망의 좌석"뿐 아니라 여자들로 하여금 공적 예배에서 기도하게 하였다. 날카로운 목소리로 소리 지를 때 그 효과를 기대했던 것이다. 그리고 그는 이러한 집회 가운데 결심한 자들을 서둘러서 교회의 회원으로 받아들였다. 찰스 피니는 성령께서 하시는 죄의 질책을 무시하였다. 또한 죄의 질책을 받은 자들이 "어찌하여야 구원을 얻을 수 있습니까?" 하는 과정도 무시하였다. 이러한 회심의 과정을 무시하면서, 찰스 피니의 "새로운 측정법들"은 황홀한 체험들을 권장하면서 결단에 중요성을 두었다.

따라서 찰스 피니의 책 부흥의 종교에서는 부흥이 인간들의 방법론을 동원하여 만들어지는 것이라고 말한다. 다른 말로 하면, 부흥은 자연적 현상으로서 인간에 의해 만들어지는 것이며 증진되는 것이어서 교회들이 진정으로 원하여 그 조건들을 갖춘다면 언제든지 가질 수 있다는 것이다. 이러한 찰스 피니의 말에서는 하나님의 주권, 성령께서 죄인을 회심시키는 사역, 죄인들의 진정한 회개와 같은 내용을 찾아 볼 수 없다.

3. 찰스 피니의 부흥주의에 대한 평가

이러한 찰스 피니의 부흥주의에 대해서 가장 강력하게 권고하며 말리고자 했던 부흥 신학자는 아사헬 네틀톤이었다. 아사헬 네틀톤은 1826년과 1827년 두 번이나 찰스 피니를 찾아가 그의 새로운 측정법들을 그만두라고 권면하였다. 그는 찰스 피니에게 "'새로운 측정법들'은 진정한 부흥에 대해서 지극히 재앙스러운 것이다"라고 말하며 말렸으나 찰스 피니는 듣지 않고 오히려 자신이 하는 일들에 대해 더욱 확신을 가졌다(Tyler and Bonar, 1854, 341).

아사헬 네틀톤이 찰스 피니의 새로운 측정법들에 대해 반대하는 것은 1827년 뉴욕의 뉴레바논(New Lebanon)에서 열린 회의에서부터이다. 이때 찰스 피니의 방법들에 대해 공개적으로 반대함으로써 충돌이 일어났다. 이 회의에서 찰스 피니와 그를 지지하는 라이만 비처는 자신들의 방법이 은혜를 남용하는 것이 아니라고 말했다. 그런데 그 회의에 참석한 많은 목회자들이 아사헬 네틀톤이 찰스 피니의 신학적 근거를 말하기 전까지는 찰스 피니의 새로운 측정 방법이 신학적으로 자유주의의 것인지를 모르고 있었다.

하나님께서 주신 부흥을 순수하고 정결하게 유지하고자 애썼던 개혁주의 부흥 신학자인 아사헬 네틀톤은 찰스 피니의 신학에 있어서의 "설득"이 사람들을 새로운 피조물로 만들기에 충분하지 않음을 지적하였다. 그리고 찰스 피니의 중생론, 즉 중생이 인간에게 달려 있다고 하는 것은 4세기의 펠라기우스주의와 알미니안 신학의 재언급으로, 성경에서 말하는 중생 교리를 무너뜨리는 것이라고 하였다. 계속해서 그는 1831년 영국으로 건너가서, 당시 영국에서도 인기를 얻기 시작하던 찰스 피니의 방법론에 대해서 기회가 있을 때마다 그것의 신학적 문제점을 알려주었다. 그리고 찰스 피니의 부흥주의와 하나님이 주신 진정한 부흥의 차이점을 설교하였다. 아사헬 네틀톤은 1832년 영국에서 돌아와 찰스 피니의 부흥주의와 신학을 뒷받침하고 있는 테일러주의(Taylorism)에 대항하기 위해 코네티컷 신학원을 세워서 1844년 5월에 자신이 죽을 때까지 이를 위해 일했다(Thornbury, 1977).

아사헬 네틀톤은 어느 누구보다 일찍이 찰스 피니의 문제점을 파악하여 그것을 지적하였다. 이러한 아사헬 네틀톤에 이어서 찰스 피니의 신학적 오류투성이에 대해 포문을 연 것은 에드워드 그리핀이었다. 그는 제2차 영적 대각성 가운데 진정한 부흥을 추구했던 개혁주의 부흥 신학자였다. 에드워드 그리핀은 1832년 1월 20일 스프라그(W. B. Sprague) 목사에게 편지하여 찰스 피니의 "새로운 측정법들"의 문제점에 대해서 설명하였다.

"새로운 측정법들"은 자신들의 상상과 열정에 따른 열광주의를 만들어 내어 주게 헌신하는 것이 아니라 자신들 스스로에게 헌신하는 것이다. 심령의 변화에 있어 자신들의 의지에 의존하기 때문에, 스스로를 의지하고 자긍하도록 만드는 것이다. 더욱이 진리와 기도 그리고 하나님의 능력을 수단으로 삼지 않고 상상과 열정을 불러일으키기 위해 다른 수단들을 강구하기 때문에 이것은 결국 완전한 환상주의에 빠지게 한다(Sprague, 1832, 155-165).

계속해서 에드워드 그리핀은 1832년 8월 6일 뉴욕 제네바 노회의 안셀 에디(Ansel D. Eddy) 목사에게 찰스 피니의 문제점에 대해 편지하였다. 먼저 그는 이 편지에서 찰스 피니의 부흥주의는 바울, 칼빈, 아이삭 왓츠, 조나단 에드워즈, 데이빗 브레이너드가 외쳤던 진리를 받아들이지 않는 것을 지적하면서 다음과 같이 말했다.

> 그(찰스 피니)의 교리는 하나님의 주권, 신적 소명, 유효한 부르심, 성령의 중생의 교리를 거부합니다. 그러나 이러한 교리들은 지난 40년 동안 부흥 때에 주요한 가르침들이었습니다. 이런 가르침들이, 서둘러 결정하는 것과 스스로를 의존하는 것으로 대체되고 있습니다. 이러한 것들은 무식한 용감과 잘못된 소망을 부추기는 것으로 종교를 망가뜨리는 것들입니다. 이러한 방법들은 교회 안에서 거듭나지 않거나 성화되지 못한 교인들이 넘치게 할 것입니다. 그들은 세 가지 방법으로 이런 일들을 하고 있습니다. 첫째는, 지식

을 높은 흥분으로 대체합니다. 둘째는, 유보하거나 겸손하게 하는 것이 아니라 성급하게 하고 담대하게 만들어서 그들로 외식하게 하고 무분별한 혼동에 빠지게 합니다. 셋째는, 고백에 있어 그들로 충분한 시간을 주는 것 대신에 일주일 안에 하도록 요구하고 최고의 흥분 상태에 있게 합니다(Griffin, 1832, 7-8).

에드워드 그리핀은 찰스 피니의 방법들이 거짓된 마음으로 인해 스스로 거짓된 확신에 머물게 한다고 말하면서, 사람들의 무지가 확연한 곳에서마다 새로운 측정의 방법이 더욱 인기를 누리며, 이를 도입한 교회와 회중에는 진정한 부흥의 상태가 속히 하향세로 가고 있다면서 한탄하였다.

찰스 피니의 "새로운 측정법들"은 잘못된 회심이나 거짓 회심을 양산할 수 있는 가능성을 지니고 있기 때문에 결국에는 참된 부흥을 손상시키고 교회의 경건을 무너지게 할 뿐 아니라 복음에 치명적인 손상을 가져다 줄 수 있다. 이러한 위험성을 그 당시 누구보다 더 잘 알고 있던 자들은 프린스턴 신학교의 교수들이었다. 그래서 1832년 프린스턴 신학교 교수들인 아키발드 알렉산더, 사무엘 밀러(Samuel Miller), 아사헬 그린은 "갈망의 좌석"은 피상적인 회심을 만들어서 결국에는 진정한 경건의 방해와 걸림돌이 되는 것이라고 평가했다. 계속해서 1833년 사무엘 밀러는 다음과 같이 말했다.

"갈망의 좌석"과 함께 복도로 불러내는 일들은 잘못된 교리와 섞여 있는 것이다. 성령께서 죄인들을 회개케 하며 믿게 하는 능력의 역사 없이, 오로지 그리스도인이 되겠다는 결심 하나로 "구원 받았다"고 선포하는 것처럼 쉬운 일이 어디 있겠는가. 이것은 도매금으로 영혼을 파멸로 이끄는 것이며, 이와 같은 부흥에서는 결코 진정한 회심이 나타날 수 없다. 이렇게 사람들의 입맛에 맞춘다면 그것은 복음에서부터 멀어진 다른 복음이다(Calhoun, 1994, 228).

1835년 프린스턴 신학교 교수였던 알버트 도드(Albert B. Dod)도 찰스 피니의 설교와 책과 신학은 펠라기우스와 같은 가르침이며, 성경에서 멀어진 것일 뿐만 아니라 신학적인 면에서 오류투성이라고 말했다(전갈서, 229).

오늘날 이안 머레이(Iain Murray)는 바로 이 점을 잘 지적하고 있다. 그의 책 오순절-오늘날?(*Pentecost-Today?*)에서는 미국 장로교의 구학파가 신학파인 찰스 피니를 반대한 이유를 말하고 있다. 그것은 찰스 피니가 청교도들과 제1차, 2차 영적 대각성을 통해 내려온 회심 신학을 거부하고 피상적인 회심 신학을 따랐기 때문이며, 이로 인해 교인의 기준이 더욱 낮아지고 세상적인 그리스도인의 범람이 불가피하게 되었기 때문이라고 하였다(Murray,

1998, 49-53).

그리고 실제로 찰스 피니 자신도 그들이 경고한 대로 자신의 사역 가운데 회심했다고 하는 자들에게서 회심의 열매들이 나타나지 않고 옛날의 불신자의 모습으로 돌아가는 것에 대해 심히 당황해 하고 자기 모순에 빠지기도 하였다(Opie, 1973, 164). 그럼에도 불구하고 찰스 피니는 주위의 경고에 아랑곳하지 않고 자신의 방법들을 고수하였다. 더욱이 찰스 피니의 지지자들이 미국 장로교내에서 세력을 형성하게 되었는데, 알버트 반즈가 찰스 피니를 신학적으로 적극 지지하게 되었다. 그리고 이들은 실천적인 펠라기우스주의로 돌아가자고 하면서 그룹을 형성하고, 급기야는 이로 인해 장로교가 분열되었다. 찰스 피니를 중심으로 한 그들은 신학파라 하였다. 찰스 피니와 장로교의 신학파 목회자들은 프린스턴 신학교의 신학과 개혁주의 신학을 지지하는 구학파를 질시하였다.

구학파는 찰스 피니의 부흥주의에 대항하여 진정한 부흥을 추구하였다. 그래서 1857-1858년의 대부흥이 일어났을 때 가장 중요한 지도자 역할을 했던 사람은 구학파의 목회자이며 프린스턴 신학교 교수였던 제임스 알렉산더였다. 그리고 그는 대부흥의 특징을 말할 때 찰스 피니의 "새로운 측정법들"과 구별하여 다음과 같이 말했다. "1857-1858년의 대부흥은 새로운 측정법들이 없고 황홀한 체험들에 기인하지 않는 은혜의 소낙비이다."

4. 오늘날까지의 부흥주의의 영향력

찰스 피니로 인해서 부흥주의는 반-칼빈주의(Anti-Calvinism) 운동으로 발전하였다. 따라서 개혁주의, 청교도 신학, 웨스트민스터 신앙고백서, 조나단 에드워즈의 신학들을 버렸다. 그리고 19세기 후반에 이르러서, 부흥주의는 신학 무시 현상으로 발전하였다. 부흥주의는 20세기 중반 이후 복음주의를 태동시키는 역할을 하고 지금까지 복음주의 교회 내에서 인기 있는 방법으로 자리 잡아가고 있다. 오늘날 복음주의의 "신학은 말하지 말자"라는 명제는 사실 찰스 피니로부터 시작된 것이라 할 수 있다(Opie, 1973).

하나의 예로서 찰스 피니의 "갈망의 좌석"은 이 원리를 그대로 유지하고 단지 형태만을 바꾸어 사용하고 있다. "제단 앞으로 불러냄"(Altar Calling)이 바로 그것이다. 이는 결심하는 자를 단상 앞으로 불러내거나 일어서게 하여 압력을 준다. 그리고 심령의 변화의 증거를 확인할 수 없음에도 불구하고 구원의 선포까지 행한다(대중적 집회에서뿐 아니라 몇몇 기계화된 전도법에서도 이것을 사용하고 있다). 그리고 이렇게 행할 때 설교자는 이제 결심하는 자 위에 성령이 역사할 것을 말한다. 물론 이것을 행하기 전 설교자는 많은 사람들이 나오도록 설득하는 것에 주력하는데, 이것을 위해 "분위기 창출"에 모든 수단과 방법을 동원한다. 결국 이러한 방법들이 그 집회의 성공의 관건이 된다.

찰스 피니는 가장 많은 사람들을 이렇게 앞으로 나아오게 하는 자가 최고의 지혜로운 설교자라고 말하면서 숫자적 결과를 중요시했다. 빌리 그레이엄을 비롯해서 수많은 인간적 부흥사들이 이 방법을 사용하고 있다. 더욱이 최근에는 분위기 창출의 방법들을 현대 테크놀로지에 의존하여 이를 계속 개발하고 있으며, 교회들은 무분별하게 서로 먼저 이것을 도입하려 하고, 이것 없이는 교회 성장이 안 되는 줄 생각하고 있다. 이는 한 영혼을 구원하기 위해 일하시는 성령의 원리에 무지하고 말씀의 능력을 저버리는 오늘날의 교회의 단적인 모습이라 할 수 있다. 이러한 찰스 피니의 영향력이 20세기의 복음주의를 통하여 오늘날 만연되어 있다는 것은 교회가 쇠퇴한 증거이다. 이것에 대항하는 목소리도 거의 없다. 따라서 가장 먼저 진정한 부흥을 갈구하는 경건한 목회자들이 더욱 많이 나타나야 한다.

제 3부

부흥을 위한 겸손한 준비와 보존

제 3부
부흥을 위한
겸손한 준비와
보존

부흥은 하나님의 주권 가운데
그의 백성에게 선물로 주시는 것이다.
따라서 부흥이 일어나는 것을 인과 관계로 말할 수 없다.
다른 말로 하자면 어떤 조건을 어떠한 방법으로 충족시켰더니
반드시 부흥이 일어났다고 말할 수는 없다는 것이다.
그러나 이미 역사 속에서 일어난 부흥을 보면서,
거기에는 부흥을 갈구하는 하나님의 백성의 겸손한 준비가 있었음을
알 수 있다. 물론 준비했다고 해서 항상 부흥이 일어나는 것은 아니다.
왜냐하면 하나님의 주권 아래에서 부흥이 일어나기 때문이다.
그럼에도 불구하고 하나님께서는 겸손히 준비한 자를,
부흥의 은혜를 갈망하는 자를 사용하시기 때문에 준비해야 한다.
이는 은혜를 귀히 여기는 자들에게 주시는 하나님의 응답이기 때문이다.
또한 부흥이 일어났을 때 그 부흥을 헛되게 하는 요소들과 장애들을
경계하고 부흥이 지속되도록 하는 것은 하나님의 백성의 책임이다.
하나님께서 부흥을 주셨을 때 사탄은 그것을 무위로 만들려고 한다.
이때 부흥을 헛되게 하는 요소와 장애들에 대해서 경계하고
그 악을 물리치는 것은 당연하다. 이것은 하나님의 은혜를
헛되이 하지 않게 하는 것으로 하나님의 백성의 당연한 책임이다.
따라서 3부에서는 역사 속에서 일어난 부흥을 통해서 우리가
어떻게 부흥을 겸손히 준비하며,
보존해 나갈 것인가를 살펴보겠다.

8

경건 회복의 노력

18세기에 이르면서 뉴잉글랜드 지방에서는 청교도 신앙이 퇴색하여 교회는 경건의 모습과 능력이 없는 상태에 이르게 되었다. 뉴잉글랜드를 개척했던 세대들이 모두 세상을 떠나고 마지막 남은 인크리즈 마더(Increase Mather)는 1702년 그의 책 하나님의 영광이 뉴잉글랜드로부터 떠나다(*The Glory departing from New England*)에서 하나님의 영광이 뉴잉글랜드에서 떠나가는 이유를 말하고 있는데, 교회에서는 새롭게 회심하는 자가 거의 없고, 영적 침륜에 빠지는 자가 점점 늘어가며 목회자들이 영적이지 못하다는 것을 지적하였다. 계속해서 인크리즈 마더는 그의 나이 83세에 "조상들의 경건"(*Early Piety*, 1711년 출판)이라는 설교를 했는데, 70년 전 뉴잉글랜드 땅에 온 청교도들이 광야로 보내진 심부름꾼으로서 일구었던 거룩의 아름다움과 경건이 매우 심각하게 쇠퇴한 것을 애통해 하였다. 1706년 출판된 커튼 마더(Cotton Mather)의 설교 "옛날의 좋은 방식"(The Good Old Way)에서도 예수를 믿는다고 고백하는 자들 중에서 기독교가 엄청나게 썩어가고 있는 것을 한탄하였다(Gillies, 1845, 280, 281). 이렇게 뉴잉글랜드뿐만 아니라 뉴욕과 뉴저지를 중심으로 중부 지방 역시 마찬가지였다. 아이리쉬(Irish) 이민자들이 유입되고, 세상적인 자들이 더욱 넘쳐서 점점 경건의 모습을 잃어가고 있었다.

예를 들어 제1차 영적 대각성이 일어나기 직전, 혹은 초기라고 볼 수 있는 1733년에 사무엘 위글스워스(Samuel Wigglesworth)는 뉴잉글랜드 목회자 협의회 회장직을 수락하면서 "종교의 부흥을 위한 에세이"(An Essay for Reviving Religion)라는 제목 아래 설교를 하였다. 그의 설교는 교회가 경건의 능력을 잃어가는 것을 가슴 아파하는 내용이었는데, 소개하면 다음과 같다.

우리의 종교가 이렇게 땅에 떨어졌으면 하나님을 두려워해야 함에도 불구하고 우리 가운데 하나님을 두려워하는 자가 거의 없습니다.……많은 사람들이 부도덕, 더러움, 술 취함, 도적질, 탐욕, 폭력, 악행, 싸움의 죄를 범하면서도 부끄러워하지 않습니다.……이러한 범죄자들을 향한 우리의 말씀 증거는 얼마나 약한지 모릅니다.……우리가 만약 하나님 말씀의 사역자라면 이러한 죄들을 향하여 꾸짖어야 합니다.……우리는 가장 낮은 수준에서 만족하면서 죄를 물리치고, 자기를 부정하고, 세상으로부터 자신을 구별시키며, 경건에 힘쓰고, 선으로 악을 극복하는 의무를 회피하고 있습니다.……배교의 정도도 충격적입니다. 공개적으로 죄악을 범합니다.……세상의 영이 큰 힘으로 종교를 밀어내고 있으며, 큰 상처를 내어 고사시키려 하고 있습니다(Alan Heimert and Perry Miller eds., 1967, 3-6).

위글스워스의 설교에서도 지적한 바와 같이, 이러한 경건을 상실함으로써 나타나는 직접적인 현상은 (1) 스스로 그리스도인이라 하지만 부도덕한 자들이 범람하고, (2) 형식주의자들과 배교자들도 늘어가며, (3) 주일 성수를 무시하며, (4) 교회 내에서 새롭게 회심하는 자가 거의 없고, (5) 가정은 기도를 거의 하지 않는 모습으로 바뀌어 가며, (6) 거짓 맹세자들이 더욱 늘어가고, (7) 사회는 사회대로 정직하지 못한 악한 자들이 더욱 늘어남으로써 상거래가 혼동에 빠지고 술주정뱅이들이 많아지며, 중상 모략과 서로 싸우는 일들이 잦아지고, 간음하는 일들이 일반화되는 등, 그리스도가 없는 상태에 이르는 모습들이다. 이렇게 영적으로 죽어 가는 상태를 경고하며 깨우치고 경건의 능력을 회복하려고 노력하는 것이 제1차 영적 대각성의 겸손한 준비였다.

제2차 영적 대각성의 불이 일어나기 전의 모습도 마찬가지이다. 1798년 미국 장로교 총회는 교회가 경건의 능력을 상실해 가는 모습을 걱정한 나머지 개 교회에 목회 서신을 보냈다. 이 서신에 의하면, "교회는 경건하지 못하고 사회는 하나님의 법을 무시하고 교회를 우습게 여기는 무신론자들의 세상과 같다. 교회가 하향세로 갈수록 도덕적 타락은 그 정도가 더해 간다. 신적 모독, 교만, 사치스러움, 정의롭지 못함, 방종과 술 취함, 음란하고 방탕스러움, 주색에 빠져 저지르는 각종의 악들, 쾌락에 탐닉한 모습들이 온통 세상을 뒤엎고 있다"고 지적하면서, 목회자들에게 교회가 경건의 능력을 회복하고 이러한 죄악들을 물리칠 수 있도록 "부흥"을 위해 기도하라고 권고하고 있다(Speer, 1872, 13-14).

사실 제2차 영적 대각성의 불이 당겨진 것은 1800년의 켄터키 부흥에서부터였다. 이 켄터키 부흥은 제임스 맥그리디의 사역 위에 일어났는데 그는 1796년 켄터키 지방에 왔고 그 당시 켄터키 지방은 서부 개척의 가장 서쪽 지역이었기 때문에 영적으로 아주 험악한 상태였다. 그 당시 주일에 사냥을 하고 각종 오락이 행해졌다. 그래서 제임스 맥그리디는 이러한 경건치 못한 것들을 꾸짖고, 형식주의자들과 위선자들을 책망하였다. 또한 헛된 거짓 확신과 혼동 상태에 있으면서 입술로만 고백하는 자들을 향하여 엄중히 경고하였다. 이러한 경건을 회복하려는 그의 노력은 사람들이 그를 "우뢰의 아들"이라고 부르게 하였다. 이와 같은 경건 회복의 노력 위에 하나님께서 응답하시어 성령을 쏟아 부어주신 것이 1800년 켄터키 부흥이다. 이 부흥의 불길은 그 당시 영적으로 험악한 상태에 있는 사우스캐롤라이나, 테네시, 조지아 주까지 번졌다 (Foote, 1846). 제2차 영적 대각성은 이렇게 경건의 능력의 회복을 위해 애쓰는 가운데 경험하였다.

제3차 영적 대각성이라고도 불리는 1857-1858년의 대부흥의 경우도 역시 마찬가지이다. 대부흥이 일어나기 전, 제임스 알렉산더는 교회가 영적으로 위협받고 있음을 염려하면서, 경건의 능력의 회복을 위해 부흥의 필요성을 역설하였다. 1852년에 그는 두 가지를 지적하였다. 첫째로는 현대 이성주의와 과학주의를 신봉하는 불신앙을 말했고, 둘째로는 그 당시 유럽 이민자들의 유입으로 배금주의와 물질주의 팽배에 따른 세상적 풍조를 말했다. 제임스 알렉산더는 교회의 경건을 무너뜨리는 원인을 분석하였고, 경건을 회복하기 위해서는 부흥이 필요함을 강조하였다. 또한 부흥을 통하여 그들의 조상들의 믿음과 의로운 생활로 회복되어야 함을 주장했다(Alexander, 1858).

　1857-1858년의 대부흥은 제임스 알렉산더와 같은 경건한 신학자와 목회자들에 의하여 5-7년간의 경건을 회복하려는 노력 가운데 일어난 것이다.

　한국의 대부흥의 경우도 예외는 아니었다. 1907년 평양의 대부흥 직전, 교회의 경건이 지극히 위협받고 있는 상황이었다. 1900년 이래로 꾸준히 교세가 성장하다가 1905년과 1906년에 폭발적인 증가세를 가지게 되었다. 그 증거로 미국 북장로교의 대구 지부를 보면 세례교인은 235명에 불과한 반면 학습교인은 1,318명, 그리고 교회만 출석하는 인원은 3,876명이었다. 선천 지부의 경우를 보면 세례교인 3,121명, 학습교인 3,020명, 교회만 출석하는 인원은 11,943명이었다. 이러한 때에 선교사 숫자를 보면 지부당 2-6명 정도였다. 한국인 지도자를 모두 동원한다 하더라도 이 많은 사람들을 영적으로 감독하고 가르친다는 것은 거의 불가능한 상태였다(1906년 북장로교 총회 연례보고서). 따라서 이러한 상황 속에서 선교사들은 교회의 경건이 무너지는 것을 가장 염려하였다. 강력하고 순결한 교회를 세워 한국의 복음화를 꾀하려 했던 그들의 소망이 위협받고 있는 상황이었다. 그래서 선교사들은 교회의 경건이 유지되도록 더욱 부흥을 갈망하며 기도하기 시작했다. 그리고 마침내 하나님께서 그들의 소망에 응답하시어 성령을 쏟아 부어주심으로 1907년의 대부흥이 일어난 것이다. 대부흥으로 인하여 수많은 학습교인과 교회 출석만 하는 자들이 회심하였다. 결국 교회는 경건을 유지할 수 있었다.

따라서 오늘날 부흥을 원한다면, 가장 먼저 교회의 경건을 무너뜨리는 요소들을 진단할 수 있는 영적 능력이 있어야 한다. 즉 교회 개혁을 원한다면 무엇이 개혁되어야 하고 그 원인이 어디에 있는지를 먼저 진단할 수 있어야 개혁을 시작할 수 있는 것과 마찬가지다. 둘째로, 하나님께서 주권적으로 주시는 부흥을 원한다면 교회가 경건의 능력을 잃어버린 것에 대해 예레미야와 같이 애통하고, 왜 교회가 경건의 능력을 상실하고 있으며, 그 경건의 회복을 위하여 어떤 노력이 요구되는지를 알고 실천할 수 있는 경건한 목회자들이 있어야 한다. 부흥이 일어나기 전, 항상 이러한 경건한 목회자들이 준비되어 있거나 남아 있었다. 그리고 경건한 목회자들로 수고하게 하고 그들의 수고에 응답하시는 것이 부흥이었다. 부흥의 겸손한 준비는 바로 이 두 가지를 말한다.

9

경건 회복을 위한 메시지들

제8장에서 교회가 경건의 능력을 잃어갈 때 그것을 안타까워하는 목회자들이 회복을 위해 애쓰는 모습을 살펴보았다. 경건한 목회자들의, 교회를 다시 회복하려는 노력의 특징은 그들이 가르치고 설교한 신학 강해와 설교를 살펴보면 잘 알 수 있다. 이는 겸손히 부흥을 준비하는 우리에게 실로 중요한 내용이다. 왜냐하면 교회 경건의 회복을 위해, 혹은 부흥의 겸손한 준비를 위해

무엇을 어떻게 해야 할지를 제시해 주는 내용들이기 때문이다.

생동감 있는 경건이 교회에 넘치게 하기 위해서는 먼저 교회의 경건을 무너뜨리는 위선자들이나, 형식에 매여 있는 자들, 그리고 경솔한 교인들을 진정한 회개와 회심에 이르게 해야 한다. 이러한 위선자와 형식주의자들, 명목적 신자들과 부주의한 자들이 회심하면 교회는 경건의 능력을 회복하게 된다. 따라서 경건의 회복을 위한 설교 내용들은 바로 죄인들의 회심에 그 초점을 맞추고 있다. 제8장에서 언급한 사무엘 위글스워스의 설교 결론을 보면 이것이 더욱 분명하게 드러난다.

> 우리는 그들이 유사 그리스도인(almost christian : 교회 내에서 회심한 것처럼 보이지만 회심하지 않은 자들을 지칭하는 청교도 용어)이 아니라 진정한 그리스도인이 되도록 해야 합니다. 따라서 그들의 상처 난 양심을 가볍게 치유하는 것이 아니라 그들을 죄의 질책의 고통 가운데 두어서 충분히 질책받은 후 진정한 회심에 이르게 해야 합니다(Alan Heimert and Miller eds., 1967, 7).

따라서 영적 대각성 직전과 영적 대각성 중에 경건한 목회자들의 설교는 교회 내에서 회심하지 않은 자들을 향한 경고와 실제적인 거듭남, 회개, 믿음, 회심에 집중되었다. 그리고 영적 대각성 직전과 영적 대각성 기간 중 회심하지 않은 자들을 향한 경고를 말하고 있는 리처드 백스터와 조셉 알레인의 작품들이 다시 출판되었다. 그리고 구원의 도와 은혜의 수단과 방법에 대한 청교도 작품들도 재출판되어 널리 읽혀졌다.

회심은 영적 대각성의 근저를 이룬다. 그래서 부쉬맨(Bushman)과 같은 미국의 사학자는 "영적 대각성의 심장은 신생이다"라고 말했다(Bushman, 1969, 66). 이처럼 영적 대각성 가운데 그 중요한 신학자와 목회자들의 가르침과 설교는 회심에 집중되었다.

1. 조나단 에드워즈

조나단 에드워즈의 강해는 3가지로 나눌 수 있다. (1) 회심치 않은 자들을 향한 경고, (2) 참된 구원의 원리, (3) 부흥을 변호하는 신학적 변증이다. 부흥이 일어나기 직전과 그 기간에 조나단 에드워즈는 교회 내에서 회심치 않은 죄인들을 향해 구체적으로 책망하는 설교와 회개하지 않은 죄인에 대한 하나님의 심판의 엄중함에 대해 설교하였다.

1735년 5월, 회심하는 숫자가 점점 줄어들면서 노샘프턴 부흥이 쇠하려 할 때, 조나단 에드워즈는 "지극한 하나님의 심판"(Wrath to the uttermost)이란 제목 아래 설교하였다. 이 설교에서 강조된 교리는, 죄 가운데 있으면서 계속 죄의 분량을 채울 때 지극한 하나님의 심판이 그들에게 임한다는 것이었다. 조나단 에드워즈는 특별히 이 설교의 적용 부분에서 다음과 같이 말했다.

내가 이 교리를 사용하는 것은 자연인(거듭나지 않은 자)을 향해 경고하여, 그들로 더 이상 죄 가운데 있지 않도록 하고, 심판으로부터 서둘러 피하게 하기 위함입니다. 이 교리 아래에서 말하는 것들은 당신을 깨우칠 것이며 당신으로 하여금 보다 심각하게 생각하도록 만들 것입니다.……당신들 중의 몇몇은 얼마 전 이 도시에 하나님의 성령이 쏟아 부어지는 것을 보았습니다. 그러나 이것은 당신들에게 효과가 없었습니다. 당신들은 다른 사람들과 마찬가지로 하나님의 영인 성령을 거스르고 있습니다. 각성이 시작될 즈음에 당신들은 하나님의 진노로부터 피하고, 당신의 죄를 벗어버리라고 경고받았습니다. 다른 사람들은 하나님 나라를 향해 들어가고 있는데 당신은 또다시 경고를 받고 있습니다. 때때로 이 세상에서 일어나는 하나님의 진노가 얼마나 무서운 것인가를 생각해 보십시오. 때로는 하나님께서 양심을 깨우쳐서 그 양심으로 하나님의 진노를 의식하게 할 때, 그것은 울부짖게 만듭니다. 만약 하나님의 진노를 조금이라도 맛본다면 이것은 무시무시하여 견딜 수 없습니다. 하나님의 심판이 극렬하게 사람들에게 임한다면 어떻게 되겠습니까! 따라서 서둘러서 안전한 상태로 들어가야 합니다. 즉 그리스도에게로 들어가야 합니다(Edwards, 2:122-124).

1740-1742년에 부흥의 불길이 점점 달아올라 영적 대각성이

전역을 휩쓸 때 조나단 에드워즈는 죄인들을 깨우치는 설교를 계속하였다. 특히 교회 내에서 회심하지 않은 자들과 위선자들을 향해 직접적으로 설교하였다. 1740년 12월에 "시온에 있는 죄인들을 부드럽게 경고함"(Sinners in Zion tenderly warned)이란 제목으로 설교했는데, 이 설교는 조나단 에드워즈의 죄인관을 보여 주는 것이었다. 그는 교회 내에서 회심하지 않은 자들을 향해 다음과 같이 설교하였다.

> 하나님의 백성이라고 고백하는 사람들 중에는 두 종류의 사람이 있습니다. 먼저, 본문(이사야 33:15)의 "오직 의롭게 행하는 자, 정직히 말하는 자"와 같이 진정으로 경건한 사람이 있으며, 또 다른 하나는 "시온의 죄인들"(이사야 33:14), 혹은 위선자입니다. "시온의 죄인들"은 가시적인 하나님의 백성 중에서 거듭나지 않은 상태로 있는 사람들입니다. 이 세상은 그리스도의 양떼는 적고, 죄인들이 훨씬 다수를 차지하고 있습니다. 이 세상의 죄인들에는 두 종류가 있는데, 한 부류는 눈에 보이게 사탄의 왕국에 속해 있는 자이며, 또 다른 부류는 참된 종교에 대해 고백도 하지 않고 외적 의식에도 참여하지 않는 자입니다. 이러한 두 종류의 죄인들과 "시온에 있는 죄인들"은 하나님께서 기뻐하지 않으시며 하나님의 진노의 대상이 됩니다. 그러나 성경에서는 특별히 후자에 해당되는 "시온의 죄인들"에 대해서 하나님의 진노가 더한 것을 보여 주고 있습니다. "시

온의 죄인들"은 지옥에서 보다 낮은 곳에 처하게 될 것입니다. "시온의 죄인들"은 모두 위선자들입니다. 왜냐하면 그들은 참된 종교의 고백자들이며, 하나님께서 제정하신 성례에 참여하고, 하나님을 경배하는 자로 그 모습을 나타내기 때문입니다. 그러나 그들 모두는 위선자들입니다. 사악한 이교도들을 향해 하나님의 진노가 있을 것을 성경은 말합니다. 그러나 신앙을 고백하고 하나님의 백성으로서의 특권을 즐기며 여전히 하나님의 적으로 남아 있는 죄인들에게는 하나님의 진노가 10배나 더할 것입니다. 그들은 말씀의 빛에 대항하여 죄를 지었고, 고백과 서원에 어긋나는 죄를 지었으며, 아들을 주신 하나님의 무한한 사랑이 바로 그들 앞에 있었음에도 불구하고 죄를 지었습니다. 그들은 구원을 얻을 복된 기회가 있었으며, 귀한 보배인 성경을 가지고 있었고, 안식일과 성례와 각종 다양한 은혜의 수단들을 누렸지만 이러한 모든 수단과 혜택, 기회와 은혜와 초청들을 남용하고 무시하고 거절했습니다. 하나님의 은혜가 남용되고 거절됨으로 인해 야기되는 진노처럼 무서운 것은 없습니다. 하나님의 자비가 진노로 바뀔 때 이것은 가장 무서운 불 같은 진노입니다. 그러나 지금은 우리에게 그분의 성령을 다시 쏟아 부어주시기를 기뻐하고 계십니다. 자, 지금이 바로 영원한 불길로부터 빠져 나올 복된 기회입니다. 여기 당신을 위한 피난처가 있습니다. 피난처로 오십시오. 그리고 당신 앞에 놓여 있는 소망을 잡으십시오 (Edwards, 2: 201-206).

1741년 4월 조나단 에드워즈는 "피할 수 없고 견디기 힘든 악인을 향한 장래의 심판"(The Future Punishment of the Wicked Unavoidable and Intolerable)이란 제목으로 설교했는데, 회개하지 않는 죄인들을 향한 하나님의 심판의 성격에 대한 것이었다. 조나단 에드워즈는 이 설교에서 먼저 회개하지 않는 죄인들의 특성을 말하고 하나님께서 그들을 어떻게 다루실 것인가에 대해 설명하였다.

죄인들은 그들을 가르치고 다스리도록 정해진 목회자들의 수고를 헛되게 합니다. 그들은 부모에게 순종하지 않고 목회자들의 훈계와 경고 및 견책을 듣지도 않습니다. 그들은 완고하고 강퍅합니다. 따라서 하나님께서 그들을 직접 다루실 것입니다. 하나님께서는 회개치 않는 죄인들을 굴복시키실 것입니다. 이 땅에 있는 동안 그들의 심령은 굴복되지 않습니다. 그들은 자신들의 머리를 치켜세우며 매우 교만하고 다른 사람들을 경멸하는 모습을 하고 있으며, 때로는 담대하게 죄를 짓습니다. 어떤 이는 자신들의 죄를 가리기 위해 특별한 모습을 하면서, 종교의 가면을 쓰고 얌전한 척합니다. 그러나 그들 심령 속에는 은밀히 세력을 떨치려는 영이 있습니다. 그들의 심령은 교만과 적대감, 옹고집, 거룩한 것을 모독하는 것으로 가득 차 있어서 하나님의 말씀을 듣고 성령께서 그들을 깨우치려고 하는데도 불구하고 그들은 여러 가지 방법으로 이러한 악들을 행합니다. 그들은 이 세상에서 사는 동안 항상 하나님을 반대하고 대적하기를 계속합니다. 그러나 하나님께서는 그들을 직접 다루실 것이며 굴복시키실 것입니다. 하나님의 말씀의 능력에 굴복하지 않는 교만하고 강퍅한 마음은 하나님의 능력의 손으로 부서지고 말 것입니다. 회개하기를 거부하는 죄인들이여! 이 땅에 있을 때 지옥이 얼마나 무서운 것인가를 들어야 합니다. 따라서 회개치 않는 죄인들은 하나님의 정하신 심판을 피할 수 없을 뿐만 아니라 자신들을 하나님의 심판으로부터 구출할 수 없으며, 그것을 면할 어떤 길도 찾을 수 없고, 하나님의 심판을 견딜 수도 없을 것입니다. 지금까지 말씀한 이 주제는 회개치 않는 죄인들을 깨우치려는 용도로 적용될 수 있습니다. 당신이 들은 이 무서운 심판은 아직 회심치 않고, 여전히 이방인으로 남아 있으며, 그리스도와 하나님이 없는 당신을 향한 것입니다. 당신이 누구인지 간에, 젊거나 나이가 들거나, 크거나 작건 간에 만약 당신이 그리스도가 없는 상태로, 또는 회심치 않은 상태로 있다면 이것은 진노이며, 정죄되는 당신에게는 죽음입니다. 진노가 당신 위에 놓여져 있으며, 지옥이 당신 위에 걸려 있어서 당신은 매일 낮이나 밤이나 그곳으로 빠질 준비가 되어 있는 것입니다(Edwards 2:78-89).

조나단 에드워즈의 유명한 설교 가운데 하나로서, 그가 1741년 7월 8일 설교한 "하나님의 진노의 손 아래에 있는 죄인들"(Sinners in the Hands of an Angry God)은 "시온의 죄인들을 부드럽게 경고함"의 설교와 같이 교회 내에서 회심하지 않고 있는 자들을 깨우치기 위한 설교였다. 조나단 에드워즈가 이렇게 교회 내에서 회심하지 않은 자들을 깨우치려고 애쓴 것은 바로 이들의 회심이 교회가 경건을 회복하는 데 직접적으로 영향을 미치기 때문이었다. 이 설교의 주요한 내용은 다음과 같다.

신명기 32:35은 하나님의 가시적인 백성으로서 그리고 은혜의 수단 아래에서 살지만 악하고 믿지 않는 이스라엘에 대한 하나님의 심판을 말하고 있습니다. 그 백성을 향한 하나님의 놀라운 일들은 아직 남아 있음에도 불구하고, 28절에서 언급한 것과 같이 그들은 하나님의 뜻을 무효화시키며 하나님에 대한 지식이 없었습니다. 33절과 34절에서 보여 주는 것처럼 그들은 모든 하늘의 은혜로운 경작 아래에 있지만 맛이 쓰고 독이 있는 열매를 맺고 있었습니다. 내가 택한 본문(신명기 32:35)은 이러한 것들과 관련하여 악한 이스라엘 백성들이 심판과 멸망에 노출되어 있는 것을 보여 줍니다. 이것은 우리 회중 속에 회심하지 않은 자를 깨우치려는 용도입니다. 거듭나지 못하고 새로운 피조물로 탄생되지 못했으며, 죄로 죽은 상태에서 새롭게 일어나지 못하거나, 빛과 생명의 체험이 없는 사람은 누구든지 하나님의 진노의 손 아래에 있는 것입니다. 오 죄인들이여! 당신이 얼마나 무서운 위험 가운데 있는지 잘 생각해 보십시오. 당신의 거듭나지 않은 상태를 잘 생각해 보십시오! 하나님께서 불 같은 진노를 행하신다는 것은 하나님께서 어떠한 동정도 없이 진노로 벌주실 것을 의미하는 것입니다. 당신은 당신 자신에 대해 생각해 볼 필요가 있습니다. 그리고 잠에서 깨어 일어나야 합니다. 당신은 무한한 하나님의 불 같은 진노를 감당할 수 없습니다. 따라서 그리스도 밖에 있는 자는 깨어 일어나서 다가오는 진노로부터 피해야 합니다. 전능자의 진노가 지금 분명하게 이 회중의 상당수 위에 걸려 있습니다(Edwards, 2: 7-12).

이러한 죄를 질책하는 설교와 함께 조나단 에드워즈는 부흥 초기와 그 기간 내내 구원에 대한 강해 하였다. 1738년 조나단 에드워즈는 5개의 구원에 대한 강해 (Five Discourses on important Subjects nearly Concerning the Great Affair of the Soul's Eternal Salvation)를 책으로 출판하였다. 이 책의 서문에서 그는 이미 늦은 비에 해당하는 성령의 쏟아 부어주심을(1734, 1735년의 노샘프턴 부흥을 말하는 것이다) 경험한 자들이 그 동안 들어온 설교를 출판해 달라는 간절한 요청 때문에 출판하게 되었다고 말한다. 따라서 이 책에서 말하는 구원에 대한 주제들은 다섯 번째 강해를 제외하고 부흥 기간 중에 설교한 것들이다. 이 책은 다음의 5개의 강해로 되어 있다.

1. "오로지 믿음으로 의롭게 됨" (Justification by faith alone)
2. "하나님 나라를 향하여 달려들어감" (Pressing into the

Kingdom of God)
3. "룻의 결단"(Ruth's Resolution)
4. "죄인의 정죄 속에 있는 하나님의 공의"(The Justice of God in the Damnation of Sinners)
5. "예수 그리스도의 우월성"(The Excellency of Jesus Christ).

첫째 강해인 "오로지 믿음으로 의롭게 됨"에서는 우리에게 의롭다 여김을 받을 만한 어떤 의로움이나 순종이 없음을 신학적으로 변증한 후, 의롭다 여김을 받는 그 믿음의 특성상 그리스도인의 삶 속에서 복음적인 순종과 지속적인 믿음의 견인이 나올 수밖에 없음을 강조한다. 즉 진정한 회심만이 경건을 가져다주는 것을 강조한 설교이다. 설교 가운데 중요한 내용은 다음과 같다.

> 믿음의 견인은 구원에 반드시 필수적인 것이다. 따라서 진정한 그리스도인은 칭의와 관련하여 복음적 순종의 행위와 어린아이와 같은 믿음과 순종이 나오게 된다. 이는 성경에서 때때로 말하는 것처럼 유일한 구주인 하나님의 아들에 대한 지속적인 믿음의 표현이다. 믿음은 그리스도에게 연합시키고 칭의와 일치시켜서 단지 우리 심령에 잠자는 원리로 남아 있는 것이 아니라 우리의 실제적 행위 가운데 그 실제가 나타나는 것이다. 따라서 그리스도인의 순종은 그리스도에게 연합된 것을 믿는 영혼의 표현이다.

하나님께서는 칭의 속에서 믿음의 처음 행위뿐만 아니라 삶 가운데 표현되는 장래 견인의 행위를 중요시하는데, 로마서 1:17을 보면 잘 나타나 있다. "복음에는 하나님의 의가 나타나서 믿음으로 믿음에 이르게 하나니 기록된 바 오직 의인은 믿음으로 말미암아 살리라 함과 같으니라." 그리고 히브리서 10:38, 39에서도 "오직 나의 의인은 믿음으로 말미암아 살리라 또한 뒤로 물러가면 내 마음이 저를 기뻐하지 아니하리라 하셨느니라 우리는 뒤로 물러가 침륜에 빠질 자가 아니요 오직 영혼을 구원함에 이르는 믿음을 가진 자니라"라고 말하고 있다(Edwards, 1: 620-654).

둘째 강해인 "하나님 나라를 향하여 달려들어감"은 각성된 죄인(awakened sinner, 죄인이 자신의 죄를 깨닫고, 구원의 필요성을 인식한 상태)이 회심에 이르기 위해 무엇을 어떻게 해야 할지를 설명한 설교이다. 물론 조나단 에드워즈의 이러한 진리를 찾고 갈구하는 원리는 청교도의 회심의 신학으로부터 나온 것이다. 그는 이 설교에서 다음과 같이 말하고 있다.

나는 "하나님 나라를 향해 달려들어간다"는 것에 함축된 "구원을 찾는 방법"에 대해 말하고자 합니다. 이 표현은 구원의 갈망이 열렬해야 함을 말하고 있습니다. 대부분의 많은 사람들이 하나님 나라에 대한 관심이 없이 스스로를 확신하며 부주의한 삶을 살고 있습니다. 그리고 몇몇 사람들은 어느 정도 성령의 각성 가운데 있지만 아직 하나님 나라를 향해 들어가고자 하지는 않습니다. 그러나 그들은 자연적 상태로부터 벗어나 그리스도에 대한 보다 강렬한 소망을 가져야 된다는 것을 알아야 합니다. 그들은 자신들의 현재 상태가 얼마나 비참한지를 알고 보다 나은 것을 얻기 위한 지극한 필요성을 확신하여 마음들이 온통 이것에 사로잡혀야 합니다. 이 세상에서 그들은 무엇보다 먼저 구원을 얻으려는 갈망이 있어야 합니다. 그들은 하나님의 자비의 필요성과 중요성에 대해 인식하고 있어야 합니다. 그리고 그들은 그것을 얻기 위한 기회를 깨닫거나 혹은 그것을 찾기 위한 애씀이 있어야 합니다. 이러한 방법으로 하나님의 나라를 찾아야 하는 이유는 우리가 하나님 나라에 들어가야 한다는 지극한 필요성 때문이고, 이것 없이는 우리는 영원히 잃어버린 자가 되기 때문이며, 하나님 나라의 뛰어난 귀중성 때문입니다. 우리는 이 땅의 사소한 가치의 것들을 찾는 데 있어서 매우 자발적이며, 그것을 얻는 것이 힘들다 할지라도 모든 노력을 다합니다. 따라서 우리가 무한한 가치와 뛰어난 것을 찾는 데 있어 애쓰는 것은 더더욱 당연한 것입니다. 이와 같은 방법으로 찾고 구하는 것은 자신을 하나님 나라에 대해 준비시키기 위해 필요한 것입니다. 이와 같은 간절함과 철저한 노력들은 하나님께서 사용하시는 일반적인 수단으로, 죄인으로 자신이 자신 스스로의 힘과 의로움으로 자신을 건질 능력이 없음을 알게 하고, 하나님 나라를 찾고 구하는 가운데 그 영혼이 하나님 나라를 즐거움과 감사함으로 받을 준비를

시키며, 그것을 얻었을 때 그것의 가치에 대해 보다 높이고 찬양하게 하기 위함입니다(Edwards, 1:654-663).

조나단 에드워즈는 이 설교의 적용 부분에서는 듣는 자들로 각성이 더욱 깊어지도록 스스로를 더욱 점검하여 처음 죄의 질책을 받은 그것을 더욱 발전시켜 구원의 필요성과 그것의 귀중한 가치를 깨닫고 가장 확실한 구원의 길을 택할 것을 강조하였다.

셋째 강해인 "룻의 결단" 역시 "찾고 구하는 원리"에 대한 강해이다. 조나단 에드워즈가 이러한 원리를 그토록 강조하고 있는 것은 은혜의 계절로 불리는 부흥의 때에 죄인의 각성을 더욱 심화시켜 그들로 회심에 이르도록 하기 위함이었다. 그의 설교 가운데 중요한 내용을 살펴보자.

하나님에게로 돌아가고자 하는 자들을 따라가려는 결심과 하나님의 백성 안으로 들어가고자 하는 결심은 굳고 강해야 합니다. 왜냐하면 거기에는 큰 어려움들이 있기 때문입니다. 만약 우리가 하나님의 백성에게 붙어서 그들의 하나님을 우리의 하나님으로, 그들의 백성을 우리의 백성으로 갖고자 할 때, 우리는 반드시 우리의 정욕을 끊어내고 부정해야 하며, 모든 죄악된 욕심과 성향을 십자가에 못박아야 하고, 모든 죄악을 버려야 합니다. 그러나 우리의 육체의 정욕은 매우 강렬합니다. 죄는 본성상 우리를 너무 환영합니다. 죄를 끊어내는 것은 눈의 들보를 빼는 것으로 비유되고 있습니다. 사람들은 익숙해져 있는 죄를 잠시 억제시킬 수 있습니다. 그리고 큰 어려움 없이 부분적으로 자신들의 정욕을 부정할 수 있습니다. 그러나 최종적으로 죄와 결별하며 우리가 즐겨했던 육체의 정욕에게 이혼장을 주고 완전히 그들을 멀리 보내는 것은 몹시 어려운 일입니다. 그러나 우리가 하나님에게 진정으로 돌아가는 자를 쫓아가려면 반드시 이렇게 해야 합니다. 그렇습니다. 우리는 반드시 우리의 죄를 버려야 할 뿐 아니라 어느 의미에 있어 반드시 세상도 버려야 합니다. "누구든지 자기의 모든 소유를 버리지 아니하면 능히 내 제자가 되지 못하리라"(눅 14:33). 따라서 룻이 자기 고향, 그녀의 부모와 친척, 그녀가 모압 땅에 있을 때 좋아했던 것과 이스라엘 땅에 있으면 결코 가질 수 없는 좋은 것들을 버리는 것은 어려운 일이었습니다. 나오미는 이러한 어려움들을 룻에게 여러 번 말했습니다. 이러한 어려움들은 룻의 동서인 오르바에게는 힘든 것들이었습니다. 그래서 오르바는 그녀가 출발한 곳으로 돌아갔습니다. 오르바는 그러한 어려움을 극복하기에 충분히 강하지 못했습니다. 그러나 룻의 결심은 확고해서 모든 어려움을 이겨내면서 시어머니로부터 결코 떠나지 않았습니다. 따라서 죄로부터 떠나 하나님에게로 돌아가는 자에게는 어려움들을 이길 수 있는 강력한 결단이 필요합니다(Edwards, 1:664-666).

넷째 강해는 "죄인의 정죄 속에 있는 하나님의 공의"이다. 이 설교는 인간의 죄성과 그로 인한 죄가 얼마나 지독한지를 낱낱이 항목을 들어 설명하고 은혜의 때에 더 이상 회개를 거부하지 말고 회개할 것을 촉구하고 있다. 이 설교의 적용 부분에서는 회개를 위한 자기 점검을 요구하고 있는데 그 내용은 다음과 같다.

> 첫 번째로, 당신의 과거의 삶을 돌아보십시오. 양심에게 질문해 보십시오. 그러면 그것에 대해 증거하는 것을 들을 수 있을 것입니다. 얼마나 많은 종류의 죄를 짓고도 양심의 가책 없이 살았습니까! 당신의 부모에게 얼마나 나쁜 일들을 저질렀습니까! 당신의 이웃에 대해 얼마나 복수와 악의를 가졌습니까! 얼마나 탐욕스러운 당신입니까! 얼마나 교만한 모습으로 살아왔습니까! (Edwards, 1: 666-879)

이 설교에서 조나단 에드워즈는 죄인들을 향하여 그들이 얼마나 하나님의 은혜와 그 수단들을 남용했는지를 지적하고, 이 모든 죄악을 버리고 아직 무한한 자비를 가지고 기회를 주시는 하나님께 나아와 은혜를 구하라고 말했다.

2. 조나단 디킨슨

조나단 디킨슨은 중부지방인 뉴욕과 뉴저지 주에서 부흥을 변호하고 이끈 인물이었다. 그는 장로교 목회자이며, 신학자였다. 사실 그는 신학적 활동에 있어 조나단 에드워즈에 뒤지지 않는 인물이었다. 그러나 조나단 에드워즈의 다작적(多作的, prolific) 능력으로 인해 상대적으로 이름과 활동이 많이 알려지지 않았다.

조나단 디킨슨은 뉴잉글랜드 청교도의 후예로서, 청교도 신학을 가지고 부흥 가운데 회심의 신학과 부흥을 변호하였다. 그는 1739년 뉴저지 주의 뉴어크(Newark)와 엘리자베스타운(Elizabethtown)에서 그의 동료 아론 바(Aaron Burr)와 함께 사역하던 중에 부흥을 경험하였다. 그리고 1740년, 영적 대각성의 불길이 전역으로 확산되고 1747년 버지니아에 이르기까지 부흥신학에 있어 지도자 역할을 하였다. 또한 1737년부터 미국 장로교내에서 부흥에 반대하는 자들이 세력을 결성함으로써 분리가 될 때 그는 길버트 테넌트와 통나무 대학 출신의 목회자들과 자신이 속해 있는 뉴욕 노회를 중심으로 부흥을 지지했다. 그리고 제1차 영적 대각성 후기에 뉴저지 대학을 세워 부흥의 일꾼들을 양성하고자 했다.

제1차 영적 대각성이 보다 본격화되려 할 때(1740년) 조나단 디킨슨의 신학적 작업과 설교는 더욱 본격화되었다. 조나단 디킨슨은 조나단 에드워즈와 똑같이 구원의 방법에 대한 가르침에 집중하였고, 부흥을 반대하는 자들에 대해서는 신학적 논증으로 부흥을 변호하였으며, 부흥 가운데 부흥을 헛되게 하려는 악과 싸웠다.

1740년 5월 7일, 조나단 디킨슨은 뉴어크에서 "성령의 증거"(The Witness of the Spirit)란 제목으로 설교하였다. 이 설교는 구원의 방법에 대한 설교로, 크게 두 부분으로 나뉜다. 전반부는 회심의 과정에서 성령의 일하시는 방법에 대한 것이며, 후반부는 하나님의 자녀로서의 신실한 믿음의 증거와 성령의 일하심에 대한 것이다. 먼저 전반부 설교의 중요 내용을 소개해 보겠다.

　성령께서 죄인들의 눈을 열어 그들 앞에 놓여 있는 위험을 보게 하고 어리석고 죽은 상태를 깨우치기 전까지, 모든 회심하지 못한 자들의 행위는 '육적인 안전 보장 아래, 죽음과 멸망의 길 아래'에 계속될 것입니다. 따라서 복된 성령의 첫 번째 하시는 일은 죄인들을 거룩하게 하기 위해 죄인들의 죄를 질책하는 것입니다. 때때로 이는 갑자기 일어나기도 하며 자신들의 죄와 하나님의 진노에 대해 크게 보이게 하여 그 영혼에 고통과 괴로움으로 가득 차게 하는 일이 매우 강력하게 일어납니다. 이러한 경고는 그 영혼에 강력하게 역사하여 불쌍한 죄인들로 가슴을 치게 만듭니다. 자신들의 죄와 위험에 대한 인식은 그들로 무엇을 해야 구원을 얻을 수 있겠는가에 대한 간절한 질문을 하게 하며, 자신들의 죽음과 같은 황폐한 모습으로 인해 거의 절망의 상태에 이르기도 합니다. 어떤 이는 그들이 그리스도 안에 있는 안식을 발견하기 전까지, 오랫동안 이러한 절망의 상태에서 고뇌에 빠져 있기도 합니다. 그리고 어떤 다른 이들은 보다 빨리 그리스도에 대한 믿음을 갖기도 합니다.

자, 형제들이여! 지금 당신들은 이러한 성령의 증거들이 있는지 없는지를 살펴야 합니다. 만약 당신이 육신적으로 의지하는 것에서부터 깨어났다면 당신은 성령의 증거를 가지고 있는 것이며, 당신 안에서 선한 역사가 시작된 것입니다. 물론 이것이 거룩하게 변화된 것의 확실한 증거는 아닙니다. 많은 사람들이 이러한 질책이 약해지면, 개가 토했던 곳으로 돌아가고 돼지가 씻었다가 더러운 구덩이에 도로 누었다는 말과 같이 다시 어리석음으로 되돌아갑니다.

성령의 또 다른 방법은 그 영혼을 철저히 겸손하게 낮추는 것입니다. 죄의 질책을 받게 되면 죄인들은 자신들의 의무를 다하려 하고 또 행동에 있어 외적인 개혁을 하려 합니다. 그러나 그들은 그러한 의무와 개혁을 달성하지 못하는 자신을 보고, 자기 스스로를 도울 수 없는 무능한 자라는 것과 철저히 무가치한 자라는 것을 깨닫게 됩니다. 질책을 받은 죄인들은 일반적으로 얼마동안 스스로 의로워지려는 시도로 질책의 고뇌로부터 빠져나가려고 합니다. 또한 자기 자신에게 약속을 하고 자신들의 심령을 경계하는 결심을 하면서 삶을 개혁하려 합니다. 그러나 그들은 자신들의 심령이 스스로 깨끗하게 할 수 없는, 도무지 마르지 않는 부패의 샘이라는 것을 발견하게 됩니다. 이제 그들은 오직 그리스도 외에 피난처가 없음을 보게 됩니다. 그들은 구원을 위해 자신들의 영혼을 그리스도에게 의탁합니다(Alan Heimert and Perry Miller, 1967, 101-104).

이 설교의 후반부는 구원의 은혜의 증거에 대한 것으로 죄인들이 회심한 후 경건이 산출되어야만 하는 이유에 대해 다음과 같이 강해하였다.

만약 한 사람이 하나님의 은혜를 크게 입었다면 그는 먼저 일반적인 하나님의 영향들을 경험하여 그의 성질이 갱신되고, 그의 마음이 깨우치게 되며, 그의 심령이 거룩하게 된 것입니다. 만약 이러한 경험들이 그 영혼을 하나님의 발 아래 겸손하게 만들고, 자기 자신의 더러움과 무가치함에 대해 인식하게 했다면, 벌레만도 못한 천한 자에게 자비와 사랑을 베푸신 위대한 하나님에 대한 찬양이 있었을 것입니다. 만약 이러한 경험이 그 심령과 양심을 살아 계신 하나님을 섬기는 것으로 깨끗하게 하였다면, 만약 이러한 경험이 남아 있는 육체의 정욕을 억제하고 우리의 감정을 영적인 것과 천상의 것에 쏟아 놓도록 만들고, 영원한 유업에 대해서 보다 열심을 내게 만들며, 하나님의 영광을 최종의 목표로 그리고 그것을 위해 보다 큰 열심을 일으켰다면, 만약 이러한 것들이 의무의 길 가운데서 획득되고 하나님의 성례가 우리 영혼에게 보다 즐거운 것이라면, 만약 이러한 경험이 하나님께 헌신을 더하게 하고 사람들에게는 친절함이 더하게 하였다면, 나는 그 상황이 어떠하였든지 간에 그는 성령 자신의 증거를 가지고 있다고 말할 수 있으며, 한없는 기쁨과 영광의 풍성함으로 즐거워할 수 있다고 말할 수 있다(Alan Heimert and Perry Miller, 1967, 109).

1740년 조나단 디킨슨은 수고하고 무거운 짐 진 자들아 그리스도께로 나아와 안식을 얻으라(*A Call to the weary and heavy laden to come unto Christ for rest*)라는 책을 출판하였다. 그리고 1741년, 보다 구체적이고 내용도 많은, 구원의 방법과 그 증거들에 대한 책을 출판하였다. 이 책은 "그리스도인의 믿음의 중요한 요소에 관한 성경 교리"(The True Scripture Doctrine concerning some Important Points of Christian Faith)로서 5개의 신학적 강해를 담고 있다. 그 5개의 강해는 "영원한 선택"(Eternal Election), "원죄"(Original Sin), "회심"(Grace in Conversion), "믿음으로 의롭게 됨"(Justification by Faith), "성도의 견인"(The Saints' Perseverance)이다. 이러한 강해들은 부흥과 대각성을 위한 중요한 가르침이었다.

첫째 강해인 "영원한 선택"은 하나님의 예정 교리를 남용하여 발생되는 육적인 자들의 모습을 경고하는 설교이다. 즉 예정 교리를 남용하게 되면 뻔뻔스럽고 육신적으로 담대한 자세를 가지며, 또한 모든 인간의 책임을 하나님에게 떠맡겨서 자기는 아무 책임이 없다고 하는 태도이다. 이러한 예정 교리의 남용은 교회의 경건을 해치는 원인이 되었다. 따라서 조나단 디킨슨은 하나님의 예정 교리를 인간의 수준에서 추상적 사고로 때로는 얄팍한 논리로 다루지 말 것을 말했다. 그리고 예정 교리가 진정한 성도에게 주는 말할 수 없는 위로와 진정한 구원의 확신이 어떤 것인가를 설명하고 이것은 우리가 실제적으로 유효한 부르심이 있었는가 아닌가를 점검할 수 있는 것이라 설명하였다. 그 직접적인 설명은 다음과 같다.

'선택된 자'의 실체는 '자신의 구원에 있어' 최고의 주의를 기울이며, 경계하며, 부지런합니다(벧후 1:10). 그리고 자신의 무가치함에 대해 늘 인식하고 있어 겸손하고, 은혜의 보좌 아래에서 계속 발견되어지며, 그리스도 안에서 뜻을 찾고, 복된 성령의 은혜로운 영향 아래에 있으며, 겸손함과 간절함으로 부지런히 하나님의 은혜에 의지하며, 거룩한 대화와 경건한 삶을 위해 노력합니다. 이러한 것들을 무시하는 자들 위에는 어두운 징후가 있으며 그들에게는 자신이 하나님으로부터 선택받았다고 결론 내릴 근거가 없습니다. 비록 우리가 행하는 것과 할 수 있는 것을 근거로 해서 은혜를 주장할 수 없지만 만약 우리가 앞에서 말한 것과 같이 견인한다면 하나님께서는 우리로 그가 하실 일을 바라보도록 격려하실 것입니다.

따라서 우리는 하나님께서 우리 자신을 위해서가 아니라 하나님 자신과 영광을 위하여 하실 것에 대해 소망을 가지며, 또 우리의 성화와 구원에 있는 그의 거저 주시는 은혜에 대해 영광을 돌릴 것입니다. 선택되지 않은 자는 진실로 이러한 일들을 하고자 하지 않을 것이며, 후에 분명히 망할 것입니다. 그러나 망하는 것의 직접적인 원인과 도덕적 이유는 전적으로 그들 자신에게 있습니다. 그들은 큰 구원을 무시했으며, 성령에 대항하고, 성령을 소멸하였으며, 자신들의 행위를 주께 맞추지 않았습니다.

우리의 부르심을 확실히 해야겠습니다. 그리고 이것은 우리의 택함을 확실하게 할 것입니다. '그가 예정한 자를 부르실 것입니다.' 만약 우리가 유효하게 부르심을 받았다면 이것은 우리가 예정된 증거입니다. 만약 우리가 '부르심'을 확실히 한다면 '선택'은 똑같이 분명해질 것입니다. 그래서 우리는 우리 자신으로 하나님을 향한 회개의 신실성을 확실히 하도록 애써야 합니다. 이것은 우리가 죄의 악함을 보고, 본성으로나 행함으로나 우리의 죄성을 보며, 우리 자신의 눈으로 우리 자신을 혐오하는 것입니다. 그래서 진정으로 우리의 죄에 대해 슬퍼하고 미워하며 남김없이 내어버리고, 하나님을 향하여 가는 것입니다. 그래서 더 이상 죄의 길에서 탐닉하지 않으며, 마음으로나 대화로나 실수로나 실행으로나 죄를 짓지 않으며, 이러한 죄들에 대해서 주의를 기울이고 기도하며, 죄에 대해 부담감을 가지고, 우리에게 남아 있는 모든 불완전한 것으로부터 구원을 갈망하는 것입니다.

우리가 주 예수 그리스도에 대한 살아 있는 믿음을 확실히 함으로 우리의 택함을 확실히 할 수 있습니다. "영생을 주시기로 작정된 자는 다 믿더라"(행 13:48). 우리가 육신 가운데 가졌던 확신들을 다 버림으로써 우리는 좋은 증거들을 가지게 됩니다. 즉 가엾고 비참하며, 불쌍하고 눈멀고 벌거벗은 모습으로 그리스도에게 가는 것입니다. 그리스도가 말한 방법으로 그를 받아들이는 것입니다. 그리스도를 우리의 의와 능력으로써 바라보는 것입니다. 오로지 그분만이 우리에게 영생을 주시는 분으로 의지함으로써 우리가 영생을 얻기에 작정된 좋은 증거를 가지게 됩니다.

우리는 마음과 생활에 있어 거룩의 습관들을 유지함으로써 우리 자신을 확실하게 해야 합니다. 이는 우리가 영원한 구원의 상속자로서 선택받은 좋은 증거가 될 것입니다. 만약 우리가 구원의 택함을 받았다면, 내가 이미 언급한 것같이 이는 거룩하게 하는 성령을 통해서입니다. 따라서 우리의 심령과 삶에 대해 엄격하게 경계하는 것을 지속하면서, 경건의 연습에 힘쓰며, 죄와 싸우고, 하나님을 두려워하는 가운데 거룩하기에 수고하며, 주의 계명과 율례 안에서 행하여 흠이 없도록 주의하고, 우리의 모든 감정과 대화를 하늘에 두며, 하나님을 향하여 경건한 삶을 유지하고, 사람에 대해서는 정직한 삶을 유지하도록 애씀으로써, 우리 자신에 대해 확실히 해야 합니다(Dickinson, 1741, 58-69).

조나단 디킨슨은 "원죄"라는 두 번째 강해에서 원죄의 교리가 얼마나 귀중한 것인지를 설명한 후 다음과 같이 실제적으로 적용하였다.

이것은 모든 회심치 않은 자들과 자연스럽게 죄에 오염된 상태로 계속 있는 자들이 비참하게 멸망하는 상황을 보여 주고 있습니다. 살아 계신 하나님께 대항하여 원수로 사는 것은 무서운 일입니다.

그리고 하나님의 손 아래로 떨어지는 것도 두려운 일입니다. 만약 왕의 진노가 사자의 으르렁거리는 것과 같다면 전능하신 하나님의 진노는 얼마나 무서운 일입니까!

이미 제가 말한 바와 같이 그들의 원죄는 그들을 정죄하기에 충분합니다. 우리의 첫 번째 부모로부터 기원된 오염되고 더러우며 강퍅한 심령과 하나님과 원수된 것을 가지고는 결코 하나님 나라에 들어가는 것을 허락받을 수 없습니다. 그들은 성화되지 못한 상태에서 원죄 위에 계속 죄를 더하여 그 무게가 어마어마하며, 수많은 실행죄를 범해서 불쌍함을 더하고 놀라운 정죄에 자신들을 노출시키고 있습니다. 자신의 비참함과 죄성을 인식하지 못한 채, 그리고 마음과 양심의 부패함을 모르는 가운데 강퍅하고 고집스러우며, 악한 생각과 욕심에 사로 잡혀 있습니다.

또한 영혼이 완전히 오염된 상태에서 자신들이 구원의 길 가운데 있을 수 있다고 말하는 자를 도무지 이해할 수 없습니다. 죄를 보지도 느끼지도 못하면서 죄를 용서받은 이후에 어떻게 죄를 슬퍼할 수 있습니까? 이미 스스로 충분하다고 하는 상태에서 구원의 회복을 간절히 찾을 수 있다고 생각할 수 있겠습니까? 따라서 죄인이 자신들의 죄성과 본래의 비참한 상태를 깨닫는 것, 지금 현재 자신들의 파멸과 망하는 상태를 깨닫는 것, 하나님의 원수로서 그리고 지옥의 상속자로서 그들의 무시무시한 위험에 대해 생생하게 깨닫는 것은, 죄인들로 죄악을 고치고자 하는 간절함을 갖게 하여 은혜와 생명의 샘으로 나아가게 합니다. 이것은 결정적으로 필요한 것입니다. 만약 죄인들이 진정한 회개에 이르게 되면, 그들의 원죄와 부패된 속성과 그들 삶 가운데 이미 지은 죄로 인해 깊은 겸손이 있게 됩니다. 이 원죄의 교리는 누구나 자연적으로 죄를 짓는 삶에서부터 빠져 나오도록 특별히 신경 쓰는 것을 간절히 촉구합니다. 당신의 원죄뿐만 아니라 수많은 실행죄로 인하여 죄들이 더욱 가중되고 그것에 대한 심판으로 마지막 정죄에 이르게 된다면 얼마나 무서운 일입니까! 당신은 지금 이 세상에서 혹은 영원한 세상에서 하나님의 은혜를 입기 원합니까? 원한다면 당신은 구원의 회심을 얻기 위해 지금 반드시 당신의 '죄 가운데 비참한, 그리고 자신 스스로를 구원할 수 없는' 상태를 돌아보아야 합니다. 망해가는 당신의 영혼을 그리스도 안에 있는 주권적인 하나님의 은혜에 던져야 합니다. 모든 은혜의 수단에 부지런히 계속 참석하여 변화가 일어나게 해야 합니다. 비록 당신의 불쌍한 상태로부터 구원이 전적으로 그리스도 안에 있는 하나님의 주권적 은혜에 달려 있으며, 그리고 당신이 한 일이나 할 수 있는 것을 가지고 공로로 내세우고 주장할 수 없지만, 만약 당신이 발견했다면 그것을 반드시 찾아야 합니다. 문이 당신에게 열리면, 당신은 반드시 문을 두드려야 합니다(Dickinson, 1741, 128-135).

조나단 디킨슨의 설교 "원죄"의 마지막 부분에서 우리는 조나단 에드워즈가 강조했던 "찾고 구하는 원리"를 발견할 수 있다. 이것은 죄인이 구원의 필요성을 절실히 깨닫고, 이후 모든 어려움을 무릅쓰고 은혜를 찾고 구하는 원리를 말하는 것이다. 이는 예수님이 마가복음 2:17에서 말씀하신 원리이다. "예수께서 들으시고 저희에게 이르시되 건강한 자에게는 의원이 쓸데없고 병든 자에게라야 쓸데 있느니라 내가 의인을 부르러 온 것이 아니요 죄인을 부르러 왔노라 하시니라." 즉 자신의 병을 아는 자가 그 병을 고치기 위하여 의원을 찾아 구하는 모습을 말씀하셨다. 이는 자신의 죄를 깨닫고, 그 죄의 중증을 고치고, 용서함을 얻기 위해 의원인 그리스도에게 가는 원리를 의미한다. 이렇게 찾고 구함으로써, 그리스도의 은혜가 거저 주시는 것이지만 절대로 싸구려가 아닌 매우 크고 귀한 것임을 알게 하여 등한히 여기거나 소홀히 하지 못하도록 만든다. 히브리서 기자는 이 원리를 다음과 같이 말했다. "우리가 이같이 큰 구원을 등한히 여기면 어찌 피하리요"(히 2:3). 이렇게 은혜를 귀하게 여기는 것이 없이는 경건이 나올 수 없다고 보았기 때문에 청교도들이나 조나단 에드워즈, 조나단 디킨슨은 구원의 도에서 "찾고 구하는 원리"를 강조했던 것이다.

세 번째 강해는 "회심"에 대한 것이다. 이 설교는 보다 자세히 회심의 과정을 설명하고 있으며, 이것이 성경적인 은혜와 구원의 방법임을 말한다. 회심에 대한 직접적인 설교는 부흥과 영적 대각성에 있어 보다 중요하다. 왜냐하면 한 영혼 위에 역사하는 성령의 회심의 역사가 부흥 혹은 영적 대각성 때의 성령의 역사하시는 방법과 성질이 같기 때문이다. 단지 그 정도와 범위만 다를 뿐이다(제1장 "부흥의 정의"를 참조하라). 조나단 디킨슨은 먼저 죄인이 깨어나서 영적인 상태에 이르는 과정을 다음과 같이 설명한다.

1. 만약 우리가 성령에 의해서 죄인에게 일어나는 첫 번째 변화를 생각한다면, 이것은 죄인이 자기 자신의 불쌍한 상태를 깨닫고, 자신의 죄된 모습을 있는 그대로 보는 것으로 나타날 것입니다. 많은 각성의 설교들을 주의 이름 아래에서 들었고, 하나님의 주권의 놀라운 경고도 보았으며, 그들의 경건한 친구로부터 감동적인 권고도 받았지만, 그들에게는 아무 영향을 주지 못하고, 지옥과 정죄를 향해 가는 그들을 멈추게 할 수 없었습니다. 그러나 만약 성령이 일을 시작하시면, 오랫동안 무시되고 가볍게 여겨졌던 은혜의 수단을 유효하게 하시어 그들의 눈을 열어 자신들의 있는 상태를 그대로 보게 하십니다. 수년 동안 가장 강력한 목회 사역 아래 있었어도 자신들의 위험에 대해 인식하지 못하고 전혀 두려워하지 않았던 그들이 보통의 일반적 설교 혹은 설교의 어떤 특정 구절에(아마 이것들은 관심 없이 수백 번 들었던 것일 것이다) 잠자던 양심이 깨어지고 "어떻게 하면 구원받을 수 있습니까" 하고 두려워 떨면서 울부짖게 될 것입니다.

2. 만약 우리가 죄인들을 겸손하게 낮추는 경우를 고려한다면, 이는 성령께서 그 영혼 위에 역사하시는 것인데, 성령은 죄인들로 자

신들의 상태를 보게 하고, 하나님의 자비를 받을 자격이 없음을 깨닫게 하고, 영적 무력함과 자기 자신을 스스로 도울 수 없는 무능함을 철저히 알게 하십니다. 그들은 자신들이 죄인이며, 스스로 도울 수도 없으며, 자신들 안에 소망이 없다는 교리의 지식이 이미 있었지만, 이것들은 그들의 감정이나 행위에 특별한 영향을 주지 못했습니다. 그러나 성령께서 그들의 영적 무능과 무가치함을 깨닫게 하시면서 그들을 낮춥니다.

3. 같은 방법으로, 질책받은 죄인은 그리스도에 대하여 갈망적인 탐구를 하게 됩니다. 그들은 다른 어떤 것보다 더 그리스도에 대해서 관심을 가지고 궁구하게 됩니다. 비록 그들의 영원한 복지가 이것에 달려 있다는 것을 알았을지라도, 또한 인간의 기술과 방법을 동원해서라도, 그들로 하여금 이렇게 큰 구원에 대해 갈망하도록 만들지는 못할 것입니다.

4. 또한 같은 방법으로 죄인들의 실제적인 회심이 이루어집니다. 죄인들은 성령을 통해 그리스도 안에 있는 풍성함과 충족함을 깨닫고, 그리스도께서 기꺼이 그를 구원할 준비가 되어 있다는 것을 알게 됩니다. 그리고 그는 그리스도의 초대를 가슴 깊이 받아들입니다. 그 다음 그는 이렇게 하는 것이 가장 안전하다는 것을 알기 때문에 그리스도께 자신의 영혼을 의탁합니다. 그리스도 외에 다른 어느 곳으로도 갈 수 없고 또 그리스도만이 영생의 말씀을 가지고 계심을 알기 때문에 그리스도를 그의 영원한 구원자로 의지합니다.

5. 마찬가지로 성령께서는 성도로 영적인 것들을 계속 보도록 하

여 성화의 은혜의 사역을 수행하십니다. 믿음으로 영혼은 주 예수 그리스도와 연합되어 하나가 됩니다. 믿음으로 성도는 그리스도의 구속의 모든 은덕에 대해 관심을 갖게 됩니다. 따라서 그들은 모든 은혜의 언약의 약속을 주장하고 하나님의 신실하심에 확신을 가지고 의지합니다. 하나님께서는 그들에게 은혜를 주실 것이며, 믿음으로 말미암아 그들은 하나님의 능력으로 보호받아 구원에 이를 것입니다. 또한 하나님께서는 그들 안에서 선한 일을 시작하시며 그리스도의 날까지 그것을 이루실 것입니다(Dickinson, 1741, 137-167).

이렇게 회심의 과정에 대해서 설명한 후 적용 부분에 이르러 조나단 디킨슨은 먼저 위선자들을 향하여 거짓 확신에 대해 다음과 같이 지적하였다.

이러한 가르침은 무서운 위험이 위선자들에게 놓여 있다는 것을 가르쳐 줍니다. 위선자들은 자기 스스로 행한 일들에 의지하여 구원을 확신합니다. 자신이 해로운 행위들을 하지 않았다는 것과 덕스러운 것을 구원의 근거로 삼는 경우가 얼마나 위험한 것입니까! 종교적인 행위들을 수행한 것과 헌신을 의지해서 자신들의 영생을 주장하는 것도 얼마나 위험한 일입니까! 일시적인 체험과 확신들, 혹은 위선자들과 불신자들에게도 지배하는 체험들을 구원의 근거로 의지하는 경우는 한마디로 너무 위험한 일입니다. 자신들의 확대된 생각과 감정을 의지하고, 자신들 스스로 만든 종교적 의무를 수행하는 것을 구원의 근거로 삼고, 그들 스스로 만든 하나님에게 나아가는 방법으로 일시적 기쁨과 위로를 얻으며, 그들 스스로 상상한 하나님을 위한 열심과 경건을 의지하는 자들은 그들의 헛된 소망과 함께 망할 것입니다(Dickinson, 1741, 167-173).

이러한 구원의 잘못된 확신에 대해 말한 후 조나단 디킨슨은 이미 회심과 성령의 거룩하게 함을 경험했다고 생각하는 자들에게 그 은혜가 진정한 것인지 신중하게 살피고 그 은혜가 헛되지 않게 하라고 다음과 같이 권고하였다.

당신은 죽은 믿음을 가지고 만족해서는 안 되며 성령의 깨우치는 역사와 거듭나게 하고 거룩하게 하는 역사가 불충분한 상태에 머물러서는 안 됩니다. 당신의 정욕에 대해서 승리하고 주관하는 죄를 굴복시키기 전까지는, 그리고 진정하고 거룩한 삶과 하나님을 향한 경건함과 사람을 향한 의로움과 자비로움이 습관적으로 유지되기 전까지는, 당신에게 회심의 증거가 없다는 것에 동의하십시오. 회개에 합당한 열매가 맺도록 노력하여 이로써 당신을 증명하십시오. 당신의 행함으로 믿음을 보여 주십시오(Dickinson, 1741, 177).

조나단 디킨슨은 "믿음으로 의롭게 됨"이라는 네 번째 강해에서 그리스도에 대한 믿음이 어떻게 죄를 씻어내고, 하나님의 눈에 의로움을 가져다주는가를 설명하였다. 그리고 구원의 믿음의 성질에 대해 구체적으로 말했다. 적용은 3가지로 하고 있는데, 첫 번째는 복음을 무시하는 자들을 향하여 말하고 있고, 두 번째는 칭의의 믿음에 이르기까지 어떻게 은혜의 수단들을 사용해야 하는지를 말하며, 세 번째는 거짓 믿음에 속지 말고 진정한 구원의 믿음의 증거를 나타내라고 촉구하고 있다.

1. 이신칭의의 교리는 모든 불신앙 상태에 있는 자들을 향하여 질책하고 깨우는 일들을 합니다. 기억하십시오. 만약 당신이 지속적인 불신앙 가운데 살다가 죽으면, 당신이 하나님의 자비를 남용하고 무시한 것에 따라 비참해질 것입니다. 어쩌면 복음의 빛과 은혜 아래에서 당신의 죄 때문에 망하는 것보다 구주에 대해 결코 한번도 듣지 않은 편이 나을 뻔했을지도 모릅니다. 이것은 당신의 정죄가 될 것인데 빛이 세상에 왔을 때 당신은 당신의 행위가 악하므로 빛보다 어둠을 택했습니다(요 3:19).

2. 하나님 앞에 의롭다고 여김을 받는 유일한 그리스도에 대한 믿음을 얻기 위해, 죄인들로 그리스도에 대한 관심을 갖도록 해야 합니다. 따라서 불신앙의 악한 마음이 없도록, 살아 계신 하나님으로부터 떠나가지 않도록 주의를 기울여야 합니다. 지금은 임박한 진노로부터 떠나 당신들 앞에 놓여 있는 소망으로 가야 할 바로 그때입니다.

3. 바로 이 순간에 속지 않도록 최고의 주의와 경계를 하도록 독려되어야 합니다. 그러면 가지고 있었던 모든 기대에 치명적이며 영원한 실망을 가져다 줄 잘못된 가짜 믿음을 가지지 않을 것입니다. 그리스도를 갈망하고 그에게 최고의 존경을 드림으로 당신의 믿음의 신실성을 증명하십시오. 죄를 미워하고 당신의 모든 육체의 정욕에 대해 승리하기 위해 간절하고 지속적인 노력을 함으로써 당신의 믿음의 신실성을 증명하십시오. 거룩한 삶과 드러난 하나님의 뜻에 일치하는 삶을 살려고 애씀으로써, 그리고 깨끗한 손과 마음으로써 당신의 믿음의 진정성을 증명하십시오. 세상으로부터 멀어진 심령을 가짐으로써, 그리고 위에 것을 찾고 하늘 보좌 우편에 계신 그리스도를 바라봄으로 당신의 믿음이 진짜인 것을 증거하십시오. 마지막으로, 그리스도 주 앞에 항상 굴복하고 열심히 그에게 적용하며 그의 즐거운 뜻을 위하여 일함으로써 당신의 믿음의 신실성을 증명하십시오(Dickinson, 1741, 211-218).

조나단 디킨슨은 마지막 강해로 "성도의 견인"을 다루고 있다. 여기서 조나단 디킨슨은 의롭다 여김을 받은 상태에 대해 강해하고, 하나님의 예정의 경륜으로 인해 그 의롭다 함을 받은 자가 성화와 영화에 이르는 것을 설명하였다. 그래서 조나단 디킨슨은 칭의와 성화를 구별하면서 그 관계를 다음과 같이 말했다.

하나님께서 믿음을 보시고 의롭다 하시는 것과 동시에 우리의 심령을 깨끗하게 해주셨습니다. 그리고 진정으로 믿음은 그것의 성질 상 성화의 원리가 됩니다. 믿음은 그 자체가 새로운 피조물의 가지 이며 점진적인 성화에 영향을 줍니다. 믿음은 성화의 원리로 작용 하여 사랑으로서 역사하고, 성령을 통해 진리를 순종하여 우리의 영혼을 정결하게 하는 것에 더욱 신경을 쓰게 합니다(Dickinson, 1741, 222-223).

결국 의롭다 여김을 받은 상태는 그 의롭다 함을 받을 때의 믿음 이 사랑으로 역사하고 세상을 극복하며, 그의 마음을 정결케 하며 삶을 거룩하게 하는 열매로 나타나야 함을 강조하는 것이다. 그래 서 조나단 디킨슨은 적용 부분에서 다음과 같이 말한다. "이 교리 는 우리의 칭의의 증거들로부터 영원 구원에 대한 소망의 근거가 흘러나와야 함을 가르쳐 주고 있습니다"(Dickinson, 1741, 245).

조나단 디킨슨은 계속해서 1743년 거듭남의 성질과 필요(*The nature and necessity of Regeneration*)를 출판하였다. 먼저 그는 중생의 성질에 대해 설명하고 있는데 "중생이란 성령에 의해서 새 로운 영적 원리가 영혼에 새겨짐으로 그리스도 안에서 믿음의 생 활이 가능케 하며 하나님께 새로운 순종을 하도록 한다"고 말하면 서 그 과정을 다음과 같이 설명하였다.

우리는 복된 성령의 역사함을 우리의 심령으로 체험할 수 있습니다. 그래서 우리는 죄의식과 비참함, 무능함을 느끼며 이것 때문에 육신을 의지하는 모든 확신을 무너지게 만듭니다. 그리고 그리스도의 뛰어남과 충분함을 보이게 하여 우리로 그를 받아들이게 합니다. 또 신성의 영광스러운 완전함을 깨닫게 하여 우리로 무엇보다 하나님을 사랑하게 하며, 그의 자비로운 손에 우리의 영혼을 의탁하게 합니다. 그리고 거룩의 아름다움을 발견하게 하여 우리로 모든 대화와 행동에 있어 거룩하도록 이끕니다. 뿐만 아니라 영원한 세계에 대한 살아 있는 이해로 우리로 하여금 보이는 임시적인 것보다 보이지 않는 영원한 것을 바라보게 합니다(Roberts, ed., 1994, 141).

그리고 디킨슨은 중생으로 인해 그 감정이 갱신되는 것을 설명하였다. 중생으로 인해 육신의 욕구를 좇는 것으로부터 벗어나 하나님께서 기뻐하는 것에 대한 새로운 욕구를 가지게 되며, 이 땅의 일시적인 것을 기뻐하기보다는 하나님의 구원과 그의 영광의 소망 가운데 즐거워하게 된다. 그리고 새로운 소망을 가질 뿐 아니라, 탐욕스러운 삶이 하나님의 주권 아래에서 자족하는 삶으로, 육신의 열매인 미워함과 싸움의 삶에서 성령의 열매를 맺는 사람으로, 육신적인 생각과 마음이 영적인 것으로 바뀌어 평안한 삶을 누리는 분명한 변화가 있게 된다. 중생은 하나님에 대한 새로운 순종의 원리이므로 이것은 살아 있는 경건의 계속적인 원천이며 마음과 삶에 있어 살아 있는 거룩의 샘이기 때문이다. 또 중생은 그 성질상 너무나 분명한 증거와 표식을 가지고 있기 때문에, 만일 우리 가운데 중생하였다 하고 그 삶 속에서 의로움과 거룩함 혹은 생동감 있는 경건이 나타나지 않는다면 그것은 자신을 속이는 것임을 강조하고 있다. 그러면서 디킨슨은 아직 거듭나지 않은 자들을 향하여 실제적인 권고를 다음과 같이 하고 있다.

> 당신들은 구원의 변화에 대한 여러 가지 특징들과 속성에 대해 들었습니다. 자, 지금은 당신들 자신의 심령을 들여다보아야 합니다. 만약 이러한 것들을 발견할 수 없다면 당신의 상태는 무서운 것입니다. 하나님 나라에 대해 닫혀진 매우 위험한 상태입니다. 그리고 당신은 지금 배의 돛대 꼭대기에서 잠을 자고 있는 것과 같습니다. 임산부가 해산의 고통을 가지듯이, 멸망이 당신 위에 갑자기 임할 준비가 되었는데도 "평화, 평화"라고 소리 칠 수 있습니까? 그때 당신은 피할 수 없을 것입니다! 일어나 주를 부르십시오. 만약 그렇게 하신다면 하나님께서 당신에 대해 생각하실 것입니다. 그리고 당신을 멸망당하지 않게 하실 것입니다(Roberts, ed., 1994, 149-150).

조나단 디킨슨은 교회가 경건을 회복하기 위해서는 교회에 진정한 거듭남이 계속 많이 일어나야 한다고 생각했다. 그래서 특별히 하나님께서 은혜를 더하여 주시려고 하는 은혜의 계절인 부흥과 영적 대각성 기간에 이러한 거듭남, 회심, 신생에 대해 더욱 집중적으로 설교했던 것이다. 그리고 이러한 이유로 인해 조나단 에드워즈나 조나단 디킨슨, 그리고 길버트 테넌트 및 영적 대각성 때의 설교자들의 설교는 매우 교리적이었고 동시에 실천적이었다.

3. 길버트 테넌트와 통나무 대학 출신자들

뉴저지 주와 펜실베이니아 일부 지방에서는 길버트 테넌트와 통나무 대학 출신 목회자들이 제1차 영적 대각성 가운데서 사역하였다. 1730년 뉴저지 주 프리홀드(Freehold) 지방에서 존 테넌트(John Tennent, 길버트 테넌트의 동생)가 사역하고 있는 가운데 부흥이 일어났다. 1736년부터 길버트 테넌트와 통나무 대학 출신자들이 부흥을 갈망하는 가운데 그들의 사역 속에서 부흥이 계속 일어났다. 통나무 대학 출신인 존 로우랜드(John Rowland)가 사역하는 가운데 1739년 메이든헤드(Maidenhead), 호프웰(Hopewell) 지역과 암웰(Amwell) 지역에서 부흥이 일어났으며, 역시 통나무 대학 출신인 사무엘 블레어(Samuel Blair)가 사역하는 지역인 펜실베이니아의 뉴런던데리(New Londonderry)에서 1740년 3월에 부흥이 일어났다. 그리고 1740년 봄에 조지 휫필드가 두 번째 방문하고 길버트 테넌트 그룹과 조나단 디킨슨 그룹과 연합하면서 중부지방에 부흥의 불길이 계속 일어났다. 또한 길버트 테넌트가 조지 휫필드와 함께 보스턴과 뉴햄프셔(New Hampshire) 지방까지 순회 설교하면서 부흥의 불길이 매사추세츠, 로드 아일랜드, 코네티컷 전역으로 번져나갔다.

이러한 부흥의 불길은 길버트 테넌트와 통나무 대학 출신 목회자들이 회중을 깨우려는 노력 가운데서 일어났다. 따라서 그들의 설교는, 경건하지 못함 혹은 그리스도가 없는 상태를 경고하고 반드시 거듭나야 하며, 회심하여 참된 믿음의 증거와 경건이 그들에게 있어야 할 이유에 대한 것들이었다.

길버트 테넌트는 1735년 "엄중 경고"(Solemn Warning)라는 제목 아래 설교를 했는데, 그 당시 교회내의 경건하지 못한 자와 위선자들을 향한 직접적인 책망의 설교였다. 그 설교의 결론 부분은 다음과 같다.

아직도 그리스도가 없는 상태에 있는 자들이여, 깨어나십시오. 어떤 사람들은 자신들의 영혼에 대하여 고민하고 괴로워하고 있는데 게으름으로 하루 종일 잠만 자는 당신들은 부끄럽지도 않습니까? 그들은 당신들보다 더 죄인이라고 생각합니까? 아닙니다. 아마도 훨씬 죄가 없을 것입니다. 또한 다른 이들은 밤낮으로 울면서 하나님을 향해 용서를 구하며 신음하고 있는데 당신들은 잠을 자고 있을 수 있습니까? 그들의 영혼이 당신의 영혼보다 귀중해서입니까?

어떤 이들은 천국을 소유하기 위해 애쓰고 수고하고 있습니다. 잠이라니요? 한편으로 어떤 이들은 천성의 예루살렘을 향하여 속히 여행을 시작하였고 구원의 길을 걸으며 말할 수 없는 기쁨 가운데 있습니다. 복음의 태양이 중천에 떠서 당신의 얼굴을 비추고 있으며, 하나님, 그리스도, 목회자들, 말씀, 섭리가 생명을 비추고 있습니다. 그리고 양심에 경고의 종이 울리고 있으며, 당신을 깨우는 천둥소리가 당신 귀에 울리고 있는데도 육신적인 안전 보장의 커튼 속에 숨고, 당신 자신에 대해 잘못된 소망을 가지고 죽음과 지옥으로 가는 잠에 빠져 있을 수 있습니까? (Bushman, ed., 1969, 18).

1737년 8월 길버트 테넌트는 뉴저지 주의 뉴브렁스윅에서 "모두 찾을 수 없는 그리스도의 부요함"(The unsearchable of riches of Christ)이란 제목으로 설교했는데 그 내용은 세상적인 자들을 향한 꾸짖음과 권고였다. 설교의 핵심적인 내용은 다음과 같다.

불쌍한 피조물들이여! 만약 당신이 추구하던 세상의 부를 얻었다면, 이것이 당신을 보다 나은 상태로, 소원 성취와 행복을 가져다 줄 것으로 생각하십니까? 아닙니다! 아닙니다! 왜 당신은 당신의 눈으로 반대쪽을 보지 못합니까? 당신의 부가 증가되는 비율로 악이 증가하게 되어 있고, 만족하는 것 대신에 욕심은 더욱 커지게 되어 있습니다. 당신은 바로 당신 영혼의 구원이 얼마나 귀한지를 기억해야 합니다. 불쌍한 죄인들이여, 당신은 이 세상과 저 세상에서 가장 비참한 자가 되지 않기 위해 은혜의 부요함과 영광을 찾고 받아들여야 하는 특별한 의무 아래 있습니다(Alan Heimert and Perry Miller, eds., 1967, 14-19).

통나무 대학 출신의 목회자인 사무엘 블레어는 1737년 "복음의 구원 방법"(The Gospel of Method of Salvation)이라는 설교를 책으로 출판하였다. 이 설교에서 진정한 구원의 믿음의 성질이 어떤 것인가에 대해 강해하였다. 그리고 그 믿음의 효과로 경건과 거룩함이 나타나야 함을 강조했다. 그는 이렇게 설교했다.

칭의와 관련하여서 믿음은 그리스도의 의를 받아들이는 손과 도구와 같아서 복음 속에 지혜롭게 설정된 하나님의 정한 방법에 따라 그리스도의 의를 우리 영혼에 적용시킵니다. 믿음으로써 영혼이 그리스도를 구주로 붙잡는 것이며, 믿는 자는 그리스도를 받아들이고 그의 의에 의지하는 것입니다. 그리고 그때 주께서 그리스도의 의를 전가시키는 것입니다. 그러나 그리스도에 대한 믿음은 거룩한 삶에 강력하게 영향을 줍니다. 믿음은 영혼으로 하여금 그리스도를 사랑하게 하고 그의 위엄에 대해서 순수한 사랑으로 가득하게 합니다. 사도 바울이 갈라디아서 5:6에서 말한 바와 같이 믿음은 사랑으로 역사하고, 사랑은 순종으로 역사합니다. 한 사람이 그리스도를 진정으로 사랑하면 그의 계명을 순종함으로써 그를 공경하며 기쁘시게 하는 것을 즐거워합니다. 이 설교를 듣는 이들이여! 나는 당신들이 그리스도에 대한 진실한 믿음이 있는지 없는지 스스로를 점검하시기를 간청합니다. 그리고 당신들이 그리스도 안에 있는 참 성도들인지 스스로 당신의 영혼을 살펴서 확인하시기를 간곡히 부탁합니다(Roberts, ed., 1994, 215-231).

길버트 테넌트의 아우인 윌리엄 테넌트 2세(William Tennent., Jr.)는 1739년 "그리스도와의 동행 권고"(An Exhortation to walk in Christ)라는 제목의 설교에서 그리스도를 받아들인다는 것은 그리스도 안에서 생활하는 것이라는 것을 강조하였다. 즉 이 설교는 명목상 그리스도인들과 위선자들을 깨우려 함에 틀림없는 것이었다. 윌리엄 테넌트 2세는 교리적으로 매우 깊게 다음과 같이 강해하였다.

> 그리스도를 받아들이는 것은 신실하고 거짓 없는 믿음으로 하는 것입니다(딤전 1:5). 그리스도를 받아들이는 것은 그리스도의 직무 모두를(선지자, 제사장, 왕의 직분) 받아들이는 것입니다. 위선자들은 그렇지 않습니다. 그들은 그들이 영원히 처하게 될 무저갱과 불못으로부터 건질 수 있는 그리스도만을 취하고, 쉽게 그리스도의 선지자와 왕의 직분을 무시합니다. 그리스도를 오로지 구원자로만 받아들이는 것은 그를 거부하는 것입니다(Roberts, ed., 1994, 289-304).

윌리엄 테넌트 2세가 지적한 것은 오늘날의 교회에서 주 예수 그리스도를 오로지 자신의 구원자로서만 필요로 하고, 지금 따르며 섬겨야 할 주로는 필요로 하지 않으며, 더욱이 장차 오실 심판자로서의 예수를 무시하는 경향과 똑같은 것이다. 이것은 오늘날 교회가 잘못된 가르침과 오류로 인하여 병들어 있다는 증거이기도 하다. 따라서 제1차 영적 대각성과 같은 것이 우리에게 필요하고, 지금이 바로 조나단 에드워즈, 조나단 디킨슨, 길버트 테넌트와 통나무 대학 출신자들의 행한 설교와 가르침이 다시 요구되는 때이다.

4. 에드워드 그리핀

1790년대 후반에서 1830년까지 미국 전역에서 연속으로 일어난 부흥을 제2차 영적 대각성이라고 부른다. 미국의 서부 지역인 켄터키, 테네시 지방에서는 장로교 목회자였던 제임스 맥그리디가 부흥에 있어 중요한 역할들을 감당하였다. 그런데 동북부 지방인 매사추세츠 주와 뉴저지 주에서는 회중교회 목회자인 에드워드 그리핀이 부흥에 있어 지도자 역할을 하였다. 그는 조나단 에드워즈의 신학적 유산을 받은 개혁주의 부흥 신학자였다.

에드워드 그리핀이 제2차 영적 대각성에 있어 중요한 인물 중 하나인 이유는 그가 사역했던 기간이 제2차 영적 대각성의 시작부터 마지막까지의 기간 모두를 포함하고 있으며, 그가 진정한 부흥을 쇠퇴케 하는 찰스 피니의 부흥주의를 경계했기 때문이다. 에드워드 그리핀은 1792년 뉴살렘(New Salem), 파밍턴(Farmington), 미들베리(Middlebury), 뉴하트포드(New Hartford)에서 일어난 부흥을 목격했다. 그는 1794년부터 뉴하트포드에서 설교하기 시작했으며, 1795년 가을에 부흥을 경험하였고, 1798년 10월에 웨스트 심스베리(West Simsbury)에서 토링포드(Torringford) 지역까지 번진 부흥과 11월 4일에 뉴하트포드에서 일어난 부흥의 현장 가운데 있었다. 1800년 10월 가족들의 건강상의 이유로 뉴하트포드를 떠나 뉴저지 주의 오렌지(Orange) 지방으로 이주하였다. 그곳에서 목회하면서 다시 부흥을 맛보았다. 그리고 1801년 10월에 뉴저지 주의 뉴어크로 청빙되어 사역하면서 1802년 겨울에 부흥이 시작되어 1803년까지 계속되었다. 그리고 1807년 8월에 뉴어크의 인근 지역인 엘리자베스타운 남쪽과 오렌지 지방 서쪽에 부흥이 일어나 9월에 그가 있는 뉴어크에까지 이르게 되었다. 이 부흥은 그가 지금까지 체험한 부흥 중에서 가장 큰 것이었다. 1809년 6월에 에드워드 그리핀은 앤도버(Andover) 신학교와 파크 스트리트에 있는 한 교회에 부임하였다. 그곳에서 4년간 열심히 사역하다가 1815년 봄에 다시 뉴어크로 돌아왔다. 그리고 1816년 12월에 다시 부흥을 만나게 되었다. 1821년 9월에 에드워드 그리핀은 윌리엄스 대학(Williams College)의 학장으로 부임하였다. 그런데 이 대학은 그리핀이 부임하기 전 이미 세 번의 부흥을 경험한 학교였다. 1824년 3월에 그리핀이 학장으로 부임한 후 첫 번째로 부흥을 맞았다. 그리고 1825년 10월에 학교로서는 다섯 번째 부흥을 만나고, 1827년 3월에 여섯 번째, 1829년 11월에 일곱 번째 부흥을, 그리고 1831년 1월에 여덟 번째 부흥을 경험하게 되었다. 즉 그리핀이 학장으로 부임한 후 7년 동안 다섯 번이나 부흥을 경험하였다. 이렇게 그리핀의 사역은 제2차 영적 대각성의 기간과 함께하며 연속되는 부흥 속에 있었다. 따라서 그는 하나님께서 주시는 은혜의 계절에 무엇을 어떻게 설교하며 사역해야 하는지를 누구보다 잘 알고 있었다. 특히 부흥 가운데서 그가 설교한 것들은 제1차 영적 대각성 때와 같이 회개하지 않는 죄인들과 은혜의 수단 아래에서 열매 맺지 못하는 자들을 깨우치기 위한 것들이었다.

부흥들 속에서 그의 설교들은 조나단 에드워즈의 "찾고 구하는 원리"의 설교가 많았다. 먼저 마태복음 11:12을 본문으로 하여 "천국은 침노함으로 취하는 것"(Taking the Kingdom of God by violence)이라는 제목으로 설교했는데, 예수님께서 사역하셨던 그 시절이 바로 부흥의 계절로서, 이 부흥의 계절에 죄를 질책받고 고뇌하는 영혼들이 좁은 문을 향해 들어가기를 힘쓰는 것을 의미한다고 하면서, 천국을 침노함으로 취해야 하는 이유와 그 성질이 어떤 것인가를 설명하고 있다. 그 이유를 다음과 같이 설교하였다.

천국을 취하기 위해 강한 노력이 필요한 것은 그 길에 어마어마한 어려움이 있기 때문입니다. 그 어려움들은 다음과 같은 제목으로 분류할 수 있습니다.

1. 세상은 우리의 주의를 하나님과 영원한 것으로부터 이탈하게 하여 이 땅의 것들에 매혹되게 합니다. 사업, 오락 그리고 헛된 사회는 마음을 미혹하여 호리고 마치 마법에 걸린 것과 같이 만듭니다. 그래서 이것들은 사람들을 가장 엄청나고 치유할 수 없는 우상에 빠지게 몰아넣습니다. 명예와 부 그리고 쾌락이 그들의 신이 됩니다.

2. 우리의 모든 연약함과 마음의 길들을 아는 마귀와 거짓 천사들은 죄인들이 죄를 깨닫는 것을 방해하고, 죄를 깨달은 죄인들이 그리스도에게 나아가는 것을 막으려고 모든 수단을 동원하며, 그들을 당황하게 하고 혼동에 빠뜨립니다. 이 사악한 영들은 그들로 멸망에 이르게 하는 오류와 죄에 빠지도록 인도합니다.

3. 우리의 육신은 탐욕으로 가득 차 있습니다. 최고의 이기심은 사람들로 하나님과 원수 되게 합니다. 탐욕은 세상을 꽉 붙잡고 있도록 하여 모든 것을 우상으로 만듭니다.

4. 오랫동안 습관으로 자리 잡고 있는 것을 깨트리고 새로운 길로 나선다는 것은 매우 어렵습니다. 마찬가지로 오랫동안 세상에 젖어 있었던 감정들이 하나님에게로 옮기는 것은 어렵습니다. 이런 어마어마한 어려움들은 계속적인 노력이 없으면 극복될 수 없는 것들입니다. 그래서 모든 사람들이 좁은 문으로 들어가기를 힘쓰라는 명령을 받은 것이며 하나님 나라는 침노함으로 취해지는 것이라고 경

고받는 것입니다(Sprague, 1839, Vol 1: 389-393).

계속해서 에드워드 그리핀은 이 설교에서 "침노하는 것"의 성질을 다음과 같이 설명한다.

1. 이것은 간절함과 부지런함이 있는 강한 열망이 동원되는 것입니다. 당신은 세상의 부와 명예와 쾌락보다 구원을 갈망해야 합니다. 그리고 모든 것보다 구원을 가장 먼저 앞에 두어야 합니다. 이러한 간절함은 죄로부터 구원받고자 하는 신실한 소망과 하나님께서 거룩한 것같이 거룩하고자 하는 열망, 그분을 섬기며 그분께 영광 돌리고자 하는 열망과 하나님과 교제하는 실천, 당신이 천국에서 발견하고자 하는 소망이 함께 있어야 합니다.

2. 이것은 진정한 회개와 함께 자신의 죄에 대한 깊은 혐오와, 상한 심령, 실제로 죄로부터 돌아선 행동들이 따라야 합니다.

3. 이것은 항복한 표식으로 나타나야 합니다. 자신 스스로의 의로서 하나님의 뜻에 대항하지 아니하고, 자신의 스스로의 관심 때문에 하나님에 대한 관심에 거슬리지 아니하며, 하나님께 명령하는 태도를 가지지 아니하고, 하나님을 가르치고자 하는 교만도 가지지 아니하며, 하나님을 억지로 강요하는 것과 같은 태도를 가지지 아니하는 것입니다. 천국을 하나님의 뜻이 있건 없건 간에 하나님의 손으로부터 탈취해 내는 것으로 생각해서는 안 됩니다.

4. 당신은 심령이 가난한 상태에서 기도드려야 합니다. 당신은 당

신 스스로의 도덕적 장점을 반드시 버려야 합니다. 그리고 도덕적인 삶을 위해서는 성령에 의지해야 합니다. 또한 자신의 약점에 대해 철저히 인식하면서 성령을 의지해야 합니다(Sprague, 1839, Vol 1: 397-398).

이 설교의 마지막 부분에서도 에드워드 그리핀은 제1차 영적 대각성 당시의 설교들의 패턴을 따르고 있었다. 그는 마지막 부분인 적용 부분에서 "찾고 구하는 교리"를 반대하는 자들을 향해 이 교리가 예수 그리스도께서 정하신 방법임을 설명하였다. 즉 "찾고 구하는 원리"는 이제 깨어나는 죄인들을 향하여 철저히 더욱 낮아짐으로, 그리고 죄에 대해 슬퍼하고 애통함으로써, 나 자신의 의로움을 포기하고 성령에 전적으로 의지함으로써, 구원의 길에 놓여 있는 어려움을 극복할 수 있는 원리라고 말했다. 그리고 이러한 과정을 통해서 온전한 회개와 믿음에 이를 수 있기 때문에 그들에게 좁은 문을 향하여 들어가기를 애쓸 것을 촉구하였다.

에드워드 그리핀은 마태복음 20:29-34의 본문을 가지고 다시 "찾고 구하는 원리"를 강조하며 설교하였다. 이 본문은 예수께서 여리고를 떠나실 때 큰 무리가 좇았고, 그 길가에 소경 둘이 앉았다가 예수께서 지나가신다 함을 듣고 소리 지르면서 예수님의 자비를 구하는 내용이다. 이것에 대하여 에드워드 그리핀은 다음과 같이 설명했다.

예수께서 지나가시는 동안 그에 대한 믿음이나 적용 없이 한가롭게 두 소경이 앉아 있는 것으로는 안 됩니다. 만약 그리했다면 그들은 죽을 때까지 그렇게 앉아 있었을 것이며 그들에게 어떤 유익한 일이 일어나지 않았을 것입니다. 그렇게 사람들이 은혜의 수단에 부주의합니다. 간절함이 결여되어 있으며 다윗의 자손에 대한 믿음의 적용도 없습니다. 그리고 장님으로 죽고 있습니다. 불행했던 바로 이 장님들은 자신들이 구세주의 눈에 주목을 받을 만한 가치가 없는 자들이라는 것을 알고 있었습니다. 그래서 요구를 하지 못하고 단지 자비를 베풀어주시기를 조른 것입니다. 죄인들은 자신의 완전히 잃어버린 상태를 발견하기 전까지는 그리스도가 자신들을 구원하기 위해 지정된 분이라는 것과 가장 추한 죄인을 구원하실 수 있는 것을 적용하지 못합니다. 그리고 그들이 구원받을 만한 다른 이름이 그리스도 외에 천하에 없다는 것과 이 땅에 어떤 누구도, 그리고 하늘의 천사라도 그들을 구원할 수 없다는 것, 그들의 영생이 하나님의 아들에게 달려 있다는 것을 적용하지 못합니다(Sprague, 1839, Vol 2: 2-5).

에드워드 그리핀은 이 설교를 듣고 있는 자들에게 그들 스스로가 은혜에 있는 상태인지, 그리스도가 없는 상태인지를 점검하게 하였고, 더 이상 은혜의 계절인 부흥의 때에 은혜를 붙잡는 것에 부주의하여 그냥 지나치거나 지체하지 말 것을 권면하였다.

에드워드 그리핀은 특히 불신앙에 머무는 자들과, 죄의 질책을 피해서 구습으로 돌아가는 자들, 교회의 위선자들을 깨우치려는 설교를 많이 했다. 요한복음 8:20-22을 본문으로 하여 행한 설교는 불신앙의 근거들을 설명하는 것이었다.

> 그 심령이 하나님과 원수된 것으로 남아 있고, 죄를 사랑하는 가운데 있다면, 구원의 길을 원하지 않습니다. 그리스도에게 나아오기를 거부하는 특별한 이유들은 이기심, 교만, 그리고 불신앙입니다. 이기심은 율법이 부과하는 것에 대하여 자신은 죄 없다고 주장하게 합니다. 따라서 구주의 필요성을 부정합니다. 교만은 자신이 범죄의 상태에 있다는 것을 인정하지 않으며 그리스도의 발 아래로 오지도 않습니다. 어떤 다른 이유로도 용서를 구하지 않는 것입니다. 이것은 자기 자신의 의에 매여 있는 상태입니다. 그러나 이들은 때때로 감히 하나님을 향하여 자기 주장과 요구를 합니다. 그리고 거절되었을 때는 하나님에 대해 분한 마음을 품고 화를 냅니다. 또한 어떤 큰 이익이 있다고 생각되어지면 종교의 이름 아래 열심히 일합니다. 이기심과 교만은 불신앙을 낳고, 불신앙은 하나님, 율법, 죄, 구주, 그리스도의 유일성의 실체, 그리스도의 신실한 초청과 진리의 약속들에 대하여 깨닫는 것을 허용하지 않습니다(Sprague, 1839, Vol 1: 442).

에드워드 그리핀은 적용 부분에 이르러 부흥의 때가 바로 주를 만날 만한 때임을 말하면서 성령께서 죄인들의 영혼 위에 역사하시는 과정을 다음과 같이 설명하였다.

> 성령께서 영혼을 잠에서부터 일으켜 자신의 죄와 허물과 스스로를 도울 수 없음을 깨닫게 하시고 그의 양심이 성경의 진리로 돌아오게 합니다. 그리고 그의 귀에 구주의 팔로 돌아오라는 특별한 초청을 합니다. 이것은 성령께서 그가 구주의 발 앞에 오기 위해 필요로 하는 것이 무엇인지 알게 하고, 또 구원자에게 은혜를 입고자 하는 특별한 이해를 주어서 그 길을 준비하는 방법입니다(Sprague, 1839, Vol 1: 450).

그러면서 에드워드 그리핀은 이러한 성령의 역사에 불순종하지 말라고 권면하였다. 이러한 성령의 질책의 역사가 회심에 있어 중요하기 때문에 이에 대해 많은 설교를 하였다. 성령께서 죄인들을 깨닫게 하시거나 죄를 질책하실 때 죄인들이 온전히 질책을 받고 그리스도 구주의 필요성을 절대적으로 인식하며 그의 발 앞으로 나올 것을 설교하였다. 그래서 그는 죄인들이 빛을 받으면서 오히려 성령을 거스르거나 혹은 구습으로 돌아가려는 것을 경계하였다. 먼저 그는 회개하지 않는 죄인들이 성경에 있는 내용들을 믿지 않고 불순종하면서 그들 양심 위에 던져진 빛을 거부하여 성령을 거스르는 것에 대해 다음과 같이 강해하였다.

1. 외적인 모든 종류의 죄들, 즉 신성을 모독하는 것, 성령의 역사에 대해서 반대하는 말과 그것을 조롱하는 일, 거짓과 중상 모략, 행위나 말에 있어서 주일을 거룩하게 지키지 못하는 것, 부정한 즐거움들, 절제되지 않는 것, 부정한 거래들, 다른 사람들에게 잘못하는 일들은 성령을 거스르는 것입니다.

2. 성경의 진리들과 삼위일체, 장래의 심판, 거듭남의 진리에 대해서 의심을 품고 있는 것은 성령을 거스르는 것입니다.

3. 하나님의 집에서, 그리고 기도하는 장소에서 경솔히 행하는 일들은 성령을 거스르는 것입니다. 성령의 질책 아래에 있는 자 앞에서 떠들썩하게 웃거나 혹은 가벼운 말들을 하는 것은 그로 하여금 성령을 물리치게 하는 것입니다.

4. 하나님과 그분의 길을 미워했던 것, 죄의 즐거움을 즐기기 위한 이기적인 소원, 세상의 명예와 부를 포기하기 주저했던 것, 사악한 자들의 조소를 두려워했던 것, 그리스도인들의 권고에 대해서 화를 냈던 것 등의 죄를 깨닫게 되면서 나타나는 인상들을 없애려 시도하는 것도 성령을 거스르는 것입니다.

5. 기도하기를 거부하고 교회 모임에 참여하기를 거부하고, 그리스도인이 대화하려고 접근하는 것을 거부하며, 성경 읽기와 묵상하는 것을 무시하는 것은 은혜의 수단을 무시하는 것으로 성령을 거스르는 일입니다.

6. 기도를 하는 둥 마는 둥 하거나, 설교와 묵상을 귀찮아하는 게으름도 성령을 거스르는 것입니다.

7. 죄의 질책으로 깨어진 자에게도 많이 나타나는 것으로, 이기적이며, 교만하고, 우상적이며, 사람들을 사랑하지 않고, 하나님에 대해서 적대감을 품고, 불신앙으로 죄의 질책을 제거하려 하며, 지옥의 무서움을 잊으려 애쓰며, 구주가 필요하다는 인식을 지워 버리려고 함으로써 성령을 거스르는 것입니다(Sprague, 1839, Vol 1: 505-507).

그래서 에드워드 그리핀은 이렇게 성령을 거스르는 것이 모든 죄들 가운데 중한 죄이기 때문에, 성령의 질책을 거부하지 말고 온전히 받아 지체하지 말고 하나님 앞에 굴복하라고 설교하였다. 또한 그는 죄의 질책을 받았지만 그리스도에게로 피하지 않고 오히려 구습으로 돌아가는 경우에 대해서도 다음과 같이 설교하였다.

죄의 질책으로 깨어나면 하나님의 엄중한 임재 앞에서 극히 두려워하게 됩니다. 자신의 수많은 죄로 인해 깨어지는 듯한 느낌을 받습니다. 그리고 자신 앞에 놓여 있는 지옥과 멸망을 보고 마지막 심판대 앞에 서 있는 자신들의 모습을 생각하며, 불못으로 던져지는 생각에 몸서리칩니다. 그러나 이들 중에는 세상의 헛된 즐거움과 환희에 빠져, 교회 모임에 참석하지 않고, 기도를 무시하며, 주일성수를 하지 않고, 성경에 반대하고, 부흥에 대해 조소하며, 자신의 악행에 젖어 지옥으로 빠져드는 어리석은 자들이 있습니다. 아! 당신의 친구들이 이 부흥 가운데 그리스도에게로 피하는 것을 보고 있지 않습니까? 그러나 당신은 당신 자신을 마귀들 가운데 던지고 있습니다. 이렇게 설교가 외쳐지고 있으며, 당신의 친구들은 천국을 향하여 달려가고 있는데 당신은 지옥에 있는 것입니다. 왜 죽으려고 하십니까? 얼마나 더 이상 하나님께서 당신에게 명하신 것을 헛되게 하려 합니까? 그리스도께서 당신을 대한 것이 헛된 것입니까? 성령께서 당신을 청한 것이 헛된 것입니까? 얼마나 더 오랫동안 당신의 부모와 목회자와 그리스도인 친구들이 당신을 위하여 헛되게 울어야 합니까?(Sprague, 1839, Vol 1: 417-422)

또한 에드워드 그리핀은 제1차 영적 대각성 가운데 행해졌던 설교와 같이 영적으로 잠자는 자뿐만 아니라 위선자를 깨우치기 위한 노력도 하였다. 그는 누가복음 13:6-9의 말씀을 가지고 "열매 없는 무화과나무"라는 제목으로 설교했는데, 포도원을 유형교회로, 나무들을 유형교회의 회원들로 그리고 넓은 의미에서 세상의 모든 사람으로, 포도원의 주인은 하나님으로, 과수원지기는 예수 그리스도로 해석하고, 열매 맺지 못하는 자들의 영적 특징에 대해 강해하였다. 즉 이들은 (1) 그들이 사는 날 동안에 하나님의 부르심에 대해 저항하며 지금까지 살아온 자들이며, (2) 그들은 성령의 특별한 부르심을 받았지만 하나님의 인내를 남용한 자들이며, (3) 하나님이 주신 부흥을 조롱하고 어리석게 여기던 자들이고, (4) 일찍이 성령에 의해 깨달았지만 다시 어리석음으로 되돌아간 자들이며, (5) 하나님의 주신 부흥 속에서 전혀 움직이지 않는 자들이며, (6) 그리스도의 지식 없이 불확실한 소망을 가지고 살아가는 자들이며, (7) 신앙고백에 대해서 전혀 행함의 증거가 없는 자들이었다. 그런데 과수원지기가 다시 1년의 유예 기간을 확보하고 모든 은혜의 수단을 그들에게 제공할 것이며 그래도 열매 맺지 못하면 찍어 버리라고 했기 때문에, 이제 그 은혜의 수단들을 더 이상 남용할 수 없으므로 이 마지막 은혜의 계절에, 주가 가까우니 주를 찾아 나서라고 말했다.

5. 아사헬 네틀톤

아사헬 네틀톤은 코네티컷을 중심으로, 뉴잉글랜드, 뉴욕, 버지니아에서 순회 전도에 전력하였고 그 가운데 많은 부흥을 경험하였으며, 또한 부흥을 헛되게 하는 찰스 피니에 대해서 그 위험성을 누구보다 먼저 알아 경고하였다. 그의 신학은 개혁주의 신학일 뿐 아니라 제1차 영적 대각성 당시에 회중교회와 장로교회가 경건을 회복하고자 할 때 그 수단으로 사용했던 청교도 신학을 그대로 견지하고 있다. 따라서 제2차 영적 대각성 가운데 행해졌던 그의 설교는 뚜렷이 3가지로 분류되어진다. 첫째는 경건치 못한 자들을 깨우치려는 경고의 설교이며, 둘째는 "찾고 구하는 원리"에 관한 것이며, 셋째는 중생, 진정한 회개 등 신생에 관한 것들이다.

경건치 못한 자를 깨우치기 위한 설교는 죄인을 향한 하나님의 심판과 위선자들을 책망하는 것들이었다. 그는 특히 죄인들에 대한 하나님의 심판과 지옥에 대하여 직접적으로 설교하였다. 예를 들어 마태복음 25:31-32, 유다서 6절, 요한계시록 20:12, 누가복음 13:1-6 등을 본문으로 하여 마지막 심판과 지옥에 대한 많은 설교를 하였다. 이들 중에서 요한계시록 20:12을 본문으로 하여 행한 설교는 마지막 심판대 앞에서 악인으로 드러나게 될 때의 그 악인의 특징을 말했다. 그 설교를 구체적으로 살펴보자.

그들의 세상적인 성격들이 완전히 드러나게 될 것입니다. 그들은 이 땅의 것만을 추구했던 자들로서, 세상이 그들의 하나님이었으며, 금과 은을 섬기고, 영원한 것을 질시하며, 세상의 것을 조금이라도 더 손에 넣으려고 자신들의 시간과 생각과 재능을 투자한 자들입니다. 그들은 불의한 자들입니다. 정직하지 못하고, 사기성을 가지고, 공갈과 협박으로 다른 사람의 것을 취한 자들입니다. 그들은 쾌락에 취한 자들입니다. 외모에 치중하고, 한가로이 수다를 떨며, 게으른 자들과 함께 어울려 다니고, 육신적인 즐거움에 빠져 있는 자들입니다. 그들은 남을 중상 모략하는 자들입니다. 그들은 종교를 경멸하는 자들입니다. 신성을 모독합니다. 주일을 더럽힙니다. 그들은 악한 친구들과 어울려 심야에 만취하며, 사기와 음란, 간음 가운데 있는 자들입니다. 그들 가운데는 자신의 교만과 이기적인 것과 세상적인 것, 악한 감정들을 감추기 위해 외적인 도덕성을 취하여 경건한 것처럼 보이게 하고, 주일에는 자신을 헌신된 자처럼 보이게 합니다. 그들은 그리스도의 십자가의 원수로서, 또한 주를 무시한 자들로서 심판대에 서게 될 것입니다. 이 설교를 듣는 여러분이여, 이와 같은 자들로서 심판대 앞에 서려고 하십니까? 아직도 당신의 모든 죄를 가지고 심판대에 서려고 하십니까? 죽음과 심판이 바로 문 앞에 있지 않습니까? "저주를 받은 자들아 나를 떠나 마귀와 그 사자들을 위하여 예비된 영영한 불에 들어가라"는 말을 들을 자들과 여전히 함께 하시렵니까?(Nettles, ed., 1995, 220-224)

아사헬 네틀톤은 교회내의 위선자를 깨우치기 위한 노력이 각별하였다. 위선자들의 특징과 그들을 꾸짖는 설교, 의인과 악인의 차이점에 대한 설교, 그리고 교인 각각이 자신이 진정 구원의 은혜 가운데 있는지를 점검하게 하는 설교를 하였다. 마태복음 25장의 "열 처녀 비유"를 본문으로 하여 교회내의 위선자의 특징과 위험성을 설교하기도 했다.

종교의 고백자들 가운데 많은 자들이 결국에는 망할 것입니다. 유형 교회는 열 처녀와 같이 진정한 고백이 있는 지혜로운 다섯 처녀와 그렇지 못한 어리석은 다섯 처녀로 구성되어 있습니다. 교회의 한 부분을 구성하고 있는 위선자들은 결국 천국에 들어가지 못합니다. 그들의 외양은 같을지라도 하나님의 눈에는 완전히 다릅니다. 그 차이는 빛과 어두움의 차이요, 거룩과 죄의 차이이며, 천국과 지옥의 차이입니다. 위선자들은 잘못되고 거짓된 열심을 가졌으나, 진정한 그리스도인들은 겸손하고 하나님을 사랑하는 열심을 가지고 있습니다. 고백에 있어서도 위선자들은 단지 빈 껍데기의 고백만을 가지고 있을 뿐입니다. 그렇게 많은 사람들이 망하는 이유는 그들이 진정한 종교를 잃어버려서가 아니고 한번도 진정한 종교를 갖지 않았기 때문입니다. 그들은 올바르게 시작하지도 않았습니다. 그들의 심령에 은혜 없이 고백의 등(燈)만 가지고 있었을 뿐입니다. 이것이 바로 그들의 어리석음입니다. 이 설교를 듣고 있는 여러분이여, 우리는 때때로 반드시 이 경고에 우리 자신을 점검해야 합니다. 만약 당신이 그리스도 안에서 새로운 피조물이라면, 만약 당신이 좁은 문으로 들어가서 협착한 길 가운데 있고 계속 진행하여 마지막까지 견딘다면 구원에 이를 것입니다. 그러나 만약 당신이 이름만 가지고 있다면, 이 경고에 멈추어야 합니다. 어리석은 다섯 처녀의 본보기가 여러분에게 경고가 되어야 합니다. 그리고 당신의 심령을 가지고 다시 시작하셔야 합니다(Nettles, ed., 1995, 303-311).

말라기 3:18을 본문으로 한 설교에서도 아사헬 네틀톤은 교회내의 악인의 특징에 대해 다음과 같이 지적하였다.

악한 자들은 그들이 진정한 그리스도인인 척 합니다. 우리는 그들이 그리스도인이라고 생각하고, 그들은 하나님을 진정으로 섬기는 듯한 모습을 우리 앞에 내보입니다. 그러나 그들은 결국에 잃어버린 상태가 됩니다. 많은 자들이 종교의 고백을 하지만 그리스도를 위하여, 혹은 그리스도 때문에 고통을 받으려 하지 않습니다. 그리고 그들의 마음은 세상과 짝하고 있기 때문에 세상으로부터 결코 시험을 받지 않습니다. 그들은 스스로를 그리스도인이라고 여기고 있는데 그 근거는 인간의 마음에 반대되는 어떤 말도 혹은 어떤 일도 하지 않았기 때문입니다. 그들은 세상을 자기 편으로 둡니다. 그들은 하나님의 적들에 대해 교묘히 반대하지 않습니다. 그리고 세상은 그들의 친구이기 때문에, 그들을 좋은 그리스도인들이라고 여깁니다(Nettles, ed., 1995, 77-78).

이렇게 악인들과 위선자들을 꾸짖고 그들로 직접 자기 자신의 상태를 돌아보는 자기 점검을 요구했는데 이는 위선자들과 잘못된 확신에 있는 자들을 깨우치기 위함이었다. 사실 이러한 자기 점검은 제1차 영적 대각성 당시에도 매우 중요한 은혜의 수단으로 간주된 것이었으며, 아사헬 네틀톤 역시 이것을 강조하였다. 그는 청교도들이 자기 점검을 위해 늘 사용했던 구절인 고린도후서 13:5을 가지고 강해했는데 진정한 그리스도인이라면 그 거듭남에 대한 증거들을 가지고 있으며, 그것들은 (1) 하나님을 사랑하고, (2) 그리스도에 대한 믿음이 있으며, (3) 진정으로 죄를 회개하여, 죄를 슬퍼하고 미워하며, (4) 죄와 싸우는 증거들과 (5) 그리스도인의 의무들을 사랑하고, 형제를 사랑하는 분명한 은혜로운 상태에 있는 증거들이라고 말했다. 그리고 이러한 증거들이 있는지 없는지를 점검하면서, 자신의 믿음과 소망의 근거가 어디에 있는지를 확인하여 그 기초가 모래 위에 지은 것이라면 다시 은혜를 근거로 하는 반석 위에 집을 지어야 함을 말했다.

아사헬 네틀톤은 부흥의 때에 "주를 찾고 구하는 것"에 대하여 매우 강조하였다. 이것에 대해 그는 이사야 55:6을 가지고 "주를 찾으십시오"라는 제목으로 다음과 같이 강해하였다.

은혜의 특별한 계절이 있습니다. 이사야 선지자는 모든 부주의하고 기도하지 않는 죄인들이 이것에 주의하라고 말하고 있습니다. 지금 찾고 부르짖으십시오. 왜냐하면 하나님께서 가까이 계시기 때문입니다. 이 계절을 놓치지 마십시오. 왜냐하면 그는 곧 떠나실 것이기 때문입니다. 주를 찾고 부르는 자에게는 특별한 혜택과 은혜를 더하는 계절들과 때가 있습니다. 이때는 다른 때보다 쉽게 성취할 수 있습니다. 종교라는 것은 심령이 타락한 자들에게는 결코 쉬운 것이 아닙니다. 그러나 모든 사람들이 믿음에 대해 심각하게 생각할 때에는 그 어려움이 덜하게 됩니다. 예를 든다면 많은 사람들은 종교의 주제들에 대해서 생각하지도 않으려고 합니다. 자신들의 영혼에 대해서도 관심이 거의 없습니다. 죽음의 준비, 심판, 영생에 대해 거의 말하지 않습니다. 그러나 은혜의 계절에는 하나님, 그리스도, 성령, 천국, 지옥의 주제가 죄인들의 마음을 차지하고 있습니다. 은혜의 계절에는 사람을 두려워하는 것이 덜하게 됩니다. 보통 때에는 그들의 양심은 깨어날지 모르지만 사람을 두려워하는 것 때문에 그들의 믿음은 일어나지 않습니다. 그들은 사람을 하나님보다 더 두려워하고 결국에는 자신들의 영혼을 잃고 맙니다. 그러나 부흥의 때에는 사람을 두려워하는 것이 훨씬 덜하게 됩니다. 바로 자신의 친구와 친척들이 그리스도인으로 변화되고 있기 때문입니다. 부흥은 은혜의 수단들을 보다 특별하게 이용하도록 만듭니다. 죄인들이 자신의 죄를 깨닫고 고뇌하고 있을 때 자신의 경우에 대해서 영적 조언을 들을 수 있습니다. 즉 그리스도인에게 찾아가서 "어떻게 해야 구원을 얻을 수 있습니까" 하고 물어 볼 수 있습니다. 그러나 온 주위가 냉담하고 어리석으며 죽은 상태에 있다면, 그는 어둠과 절망 속에서 방황하는 상태로 남아 있을 것입니다(Nettles, ed., 1995, 53-59).

네틀톤은 이렇게 주를 찾고 구해야 할 이유를 말하면서, 동시에 주께서 베푸시는 구원이 얼마나 크고 귀중한 것인가를 일깨우려고 애썼다. 히브리서 2:2을 본문으로 한 설교가 그러한 설교의 대표적인 것인데 그 중요 내용은 다음과 같다.

1. 구원은 크고 무서운 심판으로부터 건져줍니다. 악인을 향하여 선포된 심판은 그 성질상 무서운 것입니다. 2. 구원이 이렇게 크고 중한 이유는 하나님의 아들의 죽음으로 가능해졌기 때문입니다. 3.

또한 죄의 주관과 지배로부터 구출하기 때문입니다. 이는 단지 심판으로부터의 구출뿐 아니라 죄의 영향력과 죄 자체로부터의 구출입니다. 4. 그리고 구원받은 자들이 거룩과 영원한 행복의 상태, 하나님과의 즐거운 교제와 거룩한 공동체로 들어가기 때문입니다 (Nettles, ed., 1995, 312-315).

따라서 이렇게 설교함으로써 깨어진 죄인들에게 구원을 등한시하거나 소홀히 하지 말 것과 귀한 구원을 얻기 위해 주를 간절히 찾을 것을 권고하였다. 한편으로 아사헬 네틀톤은 주를 올바르게 찾지 않은 것에 대해서도 경고하였다. 누가복음 13:24을 가지고 행한 설교에서 깨어진 죄인들이 구원의 도를 찾지만 잘못 찾아서 여전히 구원의 길에서 벗어나 있는 것에 대해 다음과 같이 말했다.

1. 그들은 하나님 나라를 가장 중요한 것으로 찾지 않습니다. 2. 그들 스스로의 의로움을 가지고 찾습니다. 많은 사람들이 자신들이 행한 것을, 또 지금 하고 있는 일과 장차 할 일들을 신뢰합니다. 마치 바리새인과 같이 "하나님이여, 나는 다른 사람들, 곧 토색, 불의, 간음을 하는 자들과 같지 아니하고 세리와도 같지 아니함을 감사하나이다. 나는 이레에 두 번씩 금식하고 또 소득의 십일조를 드리나이다" 합니다. 어느 누구도 자신의 의로움을 근거로 해서 천국에 들어 갈 수 없습니다. 3. 많은 자들이 중생의 필요성을 부정합니다. 그

들은 단지 도덕적인 삶을 살려 하고 심령의 변화의 필요성을 믿지 않습니다. 그러나 거듭남이 없이 천국에 들어가고자 했던 자들은 결국 실망에 빠질 것입니다. 중생의 필요성을 부정하는 자들 역시 천국에 들어가고자 애쓸 수 있습니다. 그러나 좁은 문과 협착한 길로 가고자 하지는 않습니다. 중생과 회개로써 자신을 낮추고 자신들의 죄를 끊고 천국에 들어가려고 애쓰는 대신에, 자신들의 모든 죄를 가지고 갈 수 있는 넓은 문을 택하여 인생을 허비하고 맙니다. 4. 많은 자들이 천국에 들어가려고 그 길을 찾지만 그들의 노력이 너무 늦습니다. 5. 천국을 위해 아무것도 포기하지 않습니다. 부자 청년이 바로 이 경우에 해당합니다. "어떻게 하여야 영생을 얻을 수 있습니까" 하고 중요한 질문을 가지고 그리스도에게 왔지만, 모든 것을 팔아 가난한 자에게 나눠주고 따르라는 말이 그를 슬프게 하고 떠나가게 했습니다. 죄인들은 반드시 모든 죄악을 끊어야 합니다. 6. 어느 정도 찾다가 포기하는 경우도 있습니다. 이는 부흥의 때에 자주 있는 경우입니다. 얼마 동안은 경고를 받은 상태로, 성경도 읽고 기도도 하면서 질책과 씨름하지만 점차 심령이 강퍅해져서 종교적 의무들이 고통스러워 결국 포기하고 맙니다(Nettles, ed., 1995, 133-139).

아사헬 네틀톤이 제2차 영적 대각성 가운데 주요한 부흥신학자인 이유는 조나단 에드워즈나 조나단 디킨슨과 길버트 테넌트와 같이 구원의 방법과 구원의 도에 대해, 그리고 중생의 필요성과, 진정한 회개와 거짓 회개의 구별, 구원의 참된 증거들에 대해 깊은 신학적 강해를 했기 때문이다. 또한 그는 경건을 산출해 내는 진정한 회심에 이르게 하기 위해 그 영적 과정과 성령이 일하시는 방법에 대해 설교했다. 먼저 은혜의 방법에 있어 성령께서 죄인들을 책망하는 역사를 중요시하고 다음과 같이 말했다.

> 신적 은혜의 부요함은 성령을 보내셔서 죄에 대하여, 의에 대하여, 심판에 대하여 세상을 책망하시는 것에서 나타납니다. 어떤 이는 죄인들이 하나님께서 값없이 제공하시는 구원을 거절하면, 하나님께서 더 이상 그들을 구원하시기 위해 애쓰지 않는다고 생각할 수 있습니다. 그러나 하나님께서는 그것에 더하여 성령의 애씀이 있게 하십니다. 이것이 죄인들을 구원하기 위한 하나님의 마지막 노력입니다(Nettles, ed., 1995, 152-153).

더욱이 아사헬 네틀톤은 청교도의 회심신학을 죄인들을 깨우고자 하는 수단으로 삼았다. 그래서 그는 성령께서 죄인들의 죄를 질책하는 과정에서 율법의 기능을 중요시하였다. 그의 설교 "율법에 의해 죽게 된 죄인들"(The sinner slain by the law)에서 죄의 질책으로 인해 그 영혼이 낮아지는 과정을 먼저 다음과 같이 설명한다.

> 죄인은 율법의 저주 아래에서 자기 자신을 발견합니다. 그리고

그 자신이 영적으로 절망 상태인 것을 발견하게 됩니다. 자기 자신이 스스로 의로워지려는 소망은 완전히 절단되어지고 자기 자신의 상태가 완전히 절망적인 상태인 것을 느낍니다(Nettles, ed., 1995, 410).

그러면서 계속해서 그는 죄의 질책을 받은 자들이 하나님께서 죄인들에게 베푸시는 은혜의 방편인 그리스도를 찾아가는 것을 다음과 같이 강해한다.

1. 많은 사람들이 자기 자신을 그리스도인이라고 생각하지만 그렇지 않은 경우가 있습니다. 그들은 죄의 질책 아래 한번도 있지 않았던 자들입니다. 그들은 자신들이 정죄되었고, 죄로 인해 죽었다는 사실을 결코 깨닫지도, 느끼지도 않습니다. 2. 우리는 율법의 설교의 중요성을 알고 있습니다. 죄인들은 자신들이 잃어버린 상태라는 것을 알기 전까지는 구원과 용서의 필요성을 알 수가 없습니다. 율법의 지식이 없이는 죄의 질책이 없습니다. 그들이 정죄되었다는 것을 알기 전까지는 그리스도의 필요성을 느끼지 못합니다. 3. 죄인들은 죄의 질책 아래 있을 때 자신들이 점점 더 나빠진다는 사실을 비로소 깨닫습니다. 4. 복음 설교는 그들이 하나님과 화해하기 전까지는 그들을 더욱 괴롭게 만듭니다. 5. 이로 인해 죄인은 죽게 됩니다. 죄의 질책 아래 있는 죄인들은 때때로 죽을 것 같다고 말합니다. 그들은 반드시 죽어야 합니다. 율법에 의해 완전히 죽게 되고, 그

러고 나서 그들은 복음에 의해 살게 됩니다(Nettles, ed., 1995, 410-411).

아사헬 네틀톤은 또 다른 설교에서 이러한 죄의 질책에 대해서 다음과 같이 부가적인 설명을 하였다.

> 이것은 성령의 검입니다. 이것은 단순히 경고나 혹은 지옥의 두려움이 아닙니다. 하나님의 말씀이 능력을 가지고 양심에 이르러 죄인으로 자신의 진정한 성격과 상태를 보게 합니다.
> 1. 죄인은 하나님의 법으로 자신이 정죄된 상태라는 것을 깨닫습니다.
> 2. 그는 자신이 영원한 심판에 노출되었음을 깨닫게 됩니다.
> 3. 그는 인간의 삶의 불확실성에 대해 두려워합니다.
> 4. 그는 용서가 불확실하다는 것을 깨닫습니다.
> 5. 그는 자신이 성령에 대항하는 동안에는 모든 것이 불확실하다는 것을 깨닫습니다.
> 6. 그는 회개 없이는 자신의 상황을 보다 낫게 할 수 없다는 것을 알게 됩니다. 죄인들이 부분적으로 깨어났을 때는, 자신이 무언가를 해서 하나님 앞에 자신이 그래도 괜찮은 자라고 생각합니다. 그러나 이러한 스스로의 의로움이 무너졌을 때 그는 자기가 행했던 모든 것들의 죄성을 보게 됩니다.
> 7. 그는 이제 회개하지 않는 것과 그리스도를 믿지 않는 것에 대

해 어떤 변명도 할 수 없다는 것을 깨닫게 됩니다.

8. 지금 회개하지 않으면 망할 것이라는 것을 확신하게 됩니다. 이 심령의 상태에까지 이르지 않는 자들은 중도에 포기할 가능성이 많으며, 벨릭스(행 24:25)와 같이 나중에 믿겠다고 할 것입니다. 그러나 철저한 질책 아래에 있는 자들은 다른 어떤 편리한 시절을 기다리지 않습니다. 그들은 이것이 그들의 마지막 부르심이라고 결론 내립니다(Nettles, ed., 1995, 412-417).

또한 아사헬 네틀톤은 죄의 질책을 받다가 그 질책을 거부하거나 혹은 질책을 피해 자기가 만든 잘못된 방법과 확신에 빠져 회개에 이르지 못하는 경우가 있다고 경고하기도 했다. 그 내용은 다음과 같다.

그들은 죄의 질책을 받습니다. 그리고 어떤 이는 갑자기 두려움에 빠집니다. 그래서 양심에 후회가 가득 찹니다. 이러한 상태가 며칠 지속되기도 합니다. 그러나 이것이 끝나면 곧 질책을 무시하며 더욱 강퍅한 심령으로 돌아갑니다. 성령께서 그 영혼 위에 역사하실 때 죄인들은 무언가에 의해 자신이 움직인다는 것을 느낍니다. 그러나 그는 어떤 말도 할 수 없습니다. 또한 그는 경고를 받으며 자신의 영혼에 대해 심각하게 염려합니다. 그러나 그가 성령을 거스르게 되면 성령은 그로부터 떠나시고 그는 다시 부주의한 상태가 됩니다. 죄인들은 어떤 다른 잘못된 곳으로 피하거나 자신의 질책

받은 양심을 달래기 위해 어떤 교리들을 그릇 해석하며, 스스로 의
로워지려는 계획들을 세웁니다. 그들은 어떤 것이든지 상관하지 않
고, 잘못된 근거에서 스스로를 위로합니다. 성령께서 그를 재차 방
문하시고 또 방문합니다. 그러나 여전히 성령을 거스르고 마침내는
엄청난 위기인 마지막 시간을 맞이합니다(Nettles, ed., 1995, 89-
92).

그는 진정한 회개와 거짓 회개의 구별에 대해서도 설교했는데,
예레미야 31:19을 본문으로 하여 진정한 회개에 대해 다음과 같이
강해하였다.

> 회개에는 두 가지 종류가 있습니다. 첫째는 심판과 그 심판의 결
> 과들을 두려워하면서 일어나지만, 하나님을 사랑하거나 죄를 미워
> 하지 않는 회개로서 거짓된 것입니다. 이것은 사울 왕이나 가롯 유
> 다가 했던 회개입니다. 둘째로 진정한 회개는 그 성질상 하나님을
> 사랑하는 것을 함축하고 있습니다. 진정한 회개는 하나님의 법을
> 사랑하는 것을 함축하고 있습니다. 진정한 회개는 구원의 약속을
> 가지고 있습니다(Nettles, ed., 1995, 60-63).

더욱이 사도행전 17:30을 본문으로 하여 행한 설교에서는 진정
한 복음적 회개의 성질을 설명하고 있는데 이는 죄인들이 거짓되

고 잘못된 회개에 스스로를 속지 않게 하고, 깨어진 죄인들이 온전히 구원에 이르는 회개를 하도록 하기 위함이었다. 그 주요 내용은 다음과 같다.

> 회개는 죄의 질책을 내포하고 있습니다. 죄의 질책 없이는 회개가 있을 수 없습니다. 죄의 질책이 강하게 일어나면 죄인들은 자신들이 잃어버린 자라는 사실을 알고 느낍니다. 오랫동안 이러한 질책의 상태에 있다가 오히려 그 심령이 이전보다 더 교만해지고 강퍅해질 수 있습니다. 회개는 죄의 고백을 함축하고 있습니다. 죄인들은 그 양심의 힘으로 인해 죄를 고백하지 않으면 견딜 수 없게 됩니다. 그것이 밤낮으로 계속됩니다. 죄인은 자비를 위해 울부짖기도 합니다. 그러나 결국에는 회개하지 않고 그의 심령은 여전히 교만하거나 고집스러울 수 있습니다. 그러면 무엇이 회개입니까? 회개는 죄의 질책, 죄의 고백뿐만 아니라 죄를 버리는 것을 포함하고 있습니다. 죄인이 죄를 고백했다 할지라도, 죄인이 자신의 죄로 인해 그 양심이 심히 괴로웠을지라도 자신의 죄를 내어버리지 않는다면 그것은 진정한 회개가 아닙니다. 하나님께서는 그러한 자를 받으실 수 없습니다. 회개라는 것은 죄를 지독히 미워하는 것을 포함합니다. 회개는 죄에 대해 슬퍼하는 것을 포함합니다(Nettles, ed., 1995, 432-435).

이러한 진정한 회개와 거짓 회개의 구별은 부흥에 있어서 매우 중요한 요소이다. 많은 자들이 외적 혹은 감정에 치우쳐서 진정한 회개를 하지 않고도 은혜를 받았다고 착각할 수 있기 때문이다. 그리고 진정한 회개를 거쳐야만 경건이 생산되기 때문이다.

6. 제임스 알렉산더

제3차 영적 대각성이라고도 불리우는 1857-1858년의 대부흥은 뉴욕에서 1857년 9월부터 제레마이어 램피어(Jeremiah Lamphier)가 인도하는 정오 기도회를 통해 일어나기 시작했다. 그 정오 기도회가 뉴욕시의 많은 교회로 확산되면서 부흥의 불길이 일어났다. 이러한 기도의 불길이 시내 전체, 직장과 사업체로 번지면서 성령의 불길이 임했다. 그리고 이 불길은 필라델피아, 보스턴, 버팔로, 디트로이트, 피츠버그, 시카고 전역으로 번졌다.

이러한 대부흥은 갑자기 일어난 것이 아니었다. 제1, 2차 영적 대각성과 마찬가지로 경건한 목회자들의 교회 경건의 회복을 위한 겸손한 준비가 있었던 것이다. 그 중 대표적인 사람이 바로 제임스 알렉산더이다. 제임스 알렉산더는 프린스턴 신학교 교수로서 그리고 장로교 구학파의 목회자로서 1844년에서 1849년까지 뉴욕시의 듀애인 스트리트(Duane Street) 장로교회에서 목회하였고, 1851년부터 그가 죽은 해인 1859년까지 피프스 애뷰뉴(Fifth Avenue) 장로교회에서 목회하였다. 그는 뉴욕시에서 목회할 당시 교회가 경건의 능력을 잃어가고, 세상은 불신앙의 풍조로 만연된 것을 걱정하였다. 따라서 이것의 원인에 대해 지적하고 경고하였다. 특히 이성주의와 과학주의를 따르고, 배금주의에 빠진 현상을 경계하였다. 그리고 이러한 세상적인 것과 불신앙을 퇴치하고 경건의 회복을 위해서는 부흥이 필요하다는 것을 역설하였다. 따라서 이미 1850년대 초부터 부흥을 갈망하면서 겸손한 준비를 하였다. 물론, 그의 강해와 설교들은 죄인들을 깨우치려는 것과 죄인들 위에 역사하시는 성령의 방법, 그리스도에게 나아오는 과정과 참된 믿음의 증거들에 관한 것들이었다.

제임스 알렉산더는 죄인들을 깨우기 위한 수단으로 "아직 깨어나지 않은 자"(The Unawakened)라는 제목 아래 다음과 같이 강해하였다.

조만간 사람들은 자신의 죄를 발견하게 될 것입니다. 아마도 이 땅에서 치욕스러운 일을 겪거나 벌을 받으면서 발견할 것이며, 죽음의 시간에 발견할 수도 있습니다. 어쩌면 이 모든 것을 넘어 하나님의 법정에서 발견할 수도 있습니다. 누가복음 16장에 나오는 부자는 자색 옷과 고운 베옷을 입고 있을 때는 깨어나지 못했습니다. 그가 이 땅에 있을 때 그는 좋은 것을 받았습니다. 그러나 지옥에서 고통 가운데 눈을 들었을 때에야 그는 온전히 깨닫게 되었습니다. 더 이상, 용서가 허락되지 않는 곳에서 당신의 죄를 깨달았다고 생각해 보십시오. 당신은 이것을 견딜 수 있다고 생각하십니까? 죄인들을 향한 이러한 무서운 선언은 그들의 양심을 뒤흔들어 게으름에서 깨어나게 하여 돌아서게 하기 위함이요, 이것은 악의에서 나온 것이 아니라 잃어버린 영혼들을 향하여 애통해 하시는 예수님의 온유함과 낮아지심에서부터 나온 것입니다. 이러한 것들은 당신이 당신의 죄와 잘못된 확신으로부터 벗어나라는 경고로서 당신으로 하여금 그리스도의 부드러운 자비를 향해 가도록 하는 것입니다 (Alexander, 1858b, 48-50).

제임스 알렉산더는 성령께서 깨우치는 능력을 교회에 더하시는 이때에, 그것에 무감각하고 경건치 못한 자로 남아서 자신의 영혼에 위험을 더하지 말라고 경고하였다. 특히 제임스 알렉산더는 죄의 질책에 대해서 신학적으로 깊이 강해함으로써 죄인들을 영적 무지와 오류로부터 보호하고 그들로 온전한 회심에 이르도록 하였다. 그는 "어떻게 하면 구원에 이를 수 있습니까?"에까지 이르는 과정을 다음과 같이 강해하였다.

하나님의 율법이 마음과 양심에 적용되는 것이 질책의 역사입니다. 율법을 설교하는 것이 복음을 설교하는 것보다 앞서는 것은 필수적입니다. 하나님의 공의를 바라보는 것은 비록 그것이 부수적인 것과 정도의 차이는 있을지라도 죄의 질책에 있어 반드시 필요합니다. 진리에 있는 많은 사람들이 성령의 질책으로 낮아집니다. 율법의 강한 바람은 자기 자신을 의지하는 죄인을 하나님을 의지하도록 몰아갑니다. 그는 거의 죽을 지경이 됩니다. 그의 은밀한 방에서 다음과 같은 신음소리가 들립니다. "주여, 도와주십시오. 그렇지 않으면 나는 망합니다! 중보자 없이는 나는 영원히 망할 것입니다. 거룩하고 불변하는 율법의 빛으로 나는 나 자신이 전적으로 타락한 죄인임을 보고 있습니다. 내 속에 있는 적대심이 더욱 뒤흔들어 나 자신이 좋아지기는커녕 더욱더 나빠지는 것을 봅니다. 나의 외적인 죄들을 느낀 이후, 그 법이 나의 은밀한 죄들과, 의도적으로 지은 죄들과, 감정과 생각과 습관에 자리 잡은 죄들을 들쳐 내어서, 나 자신이 완전히 죄 덩어리인 것을 깨닫습니다. 하나님이시여, 죄인인 나에게 자비를 베풀어 주시옵소서!" (Alexander, 1858b, 75-76).

제임스 알렉산더는 이렇게 질책 받은 죄인이 복음의 은혜로 들어가도록 하는 것은 하나님께서 구하시는 제사가 상한 심령이며, 상하고 통회하는 마음을 주께서 결코 멸시치 않는 것을 보여 주는 원리라고 말했다. 그뿐 아니라 이 길이 좁은 문과 협착한 길로 인도되는 것이라고 말했다. 따라서 제임스 알렉산더는 특별히 죄의 질책으로 인해 겸허해진 영혼이 예수께 나아가는 과정을 중요시 여기고 또한 강조하였다. 그는 누가복음 18:13의 "죄인의 기도"를 그 은혜의 증거로 다음과 같이 강해했다.

이는 회개의 기도입니다. 무엇보다 이것은 괴로워 흐느끼는 통회의 소리입니다. 자신의 죄로 인하여 자신에 대해서 역겨워하고 자신의 무능함으로 인하여 가슴을 치며, 자신의 더러움과 무가치함을 인정하는 것입니다. 그때 그 영혼은 기도하기 시작합니다. 그는 "주여, 주 하나님이시여, 자비를 베풀어 주시옵소서" 하고 주를 부릅니다. 이러한 철저한 간구로 그리스도께서 영광 받으시고 하나님께서는 죄인에게 은혜로우신 분이 되는 것입니다(Alexander, 1858b, 95-98).

제임스 알렉산더는 계속해서 "예수를 바라보라"라는 제목으로 질책받은 죄인이 예수께로 나아가는 과정을 설명하였다. 즉 죄인 자신이 철저히 무가치함을 깨달으며, 또한 자신이 스스로 구원을 위해 애써 보지만 오히려 더욱 무능함을 깨닫게 되는 원리를 강해하였다. 그리고 결국 철저히 낮아진 죄인이 진정한 복음을 받아들이며 그리스도께 나아가기 위해 모든 것을 내려놓는 것이 그리스도의 이름을 믿는 것임을 설명하였다.

또한 그는 회개와 믿음의 증거들을 자신이 목회하고 있는 회중에게 요구하고 또 스스로를 점검하여 질책의 역사가 있도록 했다. 이렇게 한 이유는 거짓 회개와 거짓 믿음의 분별로 위선자들이 생기는 것을 막을 뿐 아니라 부흥이 감정주의와 환상주의로 변질되는 것을 막기 위함이었다. 그리고 회심을 이미 경험한 자에게는 지속적으로 경건의 열매 맺기를 힘쓰게 하기 위함이었다. 그는 "내가 진정 그리스도께 왔는가?"라는 제목 아래 다음과 같은 강해를 하였다.

성화는 칭의의 증거가 됩니다. 죄는 갱신된 영혼을 주관할 수 없습니다. 믿는 자는 이것으로 자신의 상태를 판단할 수 있습니다. 그는 과거에 좋아하던 것들을 미워합니다. 세상의 헛된 즐거움, 방탕함, 감각적 즐거움, 부정한 이득, 거짓과 사기, 이기심, 교만, 악의, 복수심, 그리고 하나님께 정죄하는 모든 것들이 그에게는 추악스러운 것이 됩니다. 이런 것들은 사실, 과거에 그가 즐기던 것들이었습니다. 만약 당신이 당신의 상태를 판단하고자 한다면 그리스도를 위해 버리겠다고 고백한 것들에 대해 어떤 영향을 받고 있는지 자신에게 물어 보십시오. 죄에 대해서 떠나가라고 말했습니까? 죄를 미워합니까? 죄를 역겨워합니까? 세상을 버렸습니까? 유혹을 반대하고 피함으로써 죄로 가는 길을 피하고 있습니까? 죄를 무력화시키기 위해 애쓰고 있습니까? 그리고 죄를 이기는 일에 성공한 적이 있습니까?(Alexander, 1858b, 123-126).

이러한 자기 점검은 부흥과 영적 대각성의 중요한 은혜의 수단이다. 특히 1815년의 뉴저지 대학의 부흥은 자기 점검 가운데 일어난 것이었다. 1907년 평양 대부흥 때에도 이러한 자기 점검이 있었다. (특히 요한일서가 사용되었는데, 이것은 조나단 에드워즈 이후 하나의 수단으로 자리 잡은 것이다.)

7. 뉴욕의 목회자들

 제임스 알렉산더를 중심으로 뉴욕의 목회자들이 부흥의 역사 가운데 회중들을 깨우려는 노력을 함께 하였다. 그들은 이러한 목표에 맞는 일관성 있는 설교를 하였고, 1857년 9월부터 뉴욕에서 일어나기 시작한 대부흥은 그 시간에 비해 범위가 매우 크게 확산되었다.

 먼저 회중을 깨우기 위한 설교로서 뉴욕시 마켓 스트리트의 화란 개혁교회의 데오 큐일러(Theo Cuyler) 목사는 에베소서 4:18을 가지고 "감각 없는 자"라는 설교를 하였다. 이것은 회중 가운데 여전히 진리에 대해 깨닫지 못하고 때때로 성령을 슬프게 하는 자들을 깨우치기 위한 것이었다.

> 바울은 에베소 교회가 심령과 삶을 정결하게 할 것을 권면하고 있습니다. 바울은 그들에게 이교도들의 방종의 삶을 지적하고 있습니다. 마음에 허망한 대로 행하고, 총명은 어두워져 있으며, 하나님의 생명에서 떠나 있는 자들에 대해 경고하고 있는 것입니다. 이러한 자들은 자신의 도덕적 감각을 스스로 타락시키고 있습니다. 그들의 양심은 침몰되었고, 그들 자신을 육체의 정욕 위에 내던져 탐

욕과 온갖 더러운 일들을 행합니다. 그리고 마침내 그들은 자신들의 죄에 대해 전혀 인식하지 못합니다. 그래서 사도 바울이 그들을 향하여 감각 없는 자라고 말합니다. 이런 사람들은 진리에 대해서 깨닫지 못하고, 자주 성령을 슬프게 합니다. 이것은 가장 끔찍한 재앙입니다. 그리고 더욱 심각한 것은 이렇게 희생당하는 자들이 자신들의 무감각을 알지 못한다는 것입니다(Sheldon, ed, 1860, 52-53).

이 설교의 적용 부분에 가서는 자신들의 심령을 스스로 살필 것을 요구하면서, 이때 성령의 역사를 체험할 수 있는데 그러한 것들이 단지 감정적으로 느끼는 것으로 끝나서는 안 되며, 깨어나서 회개하고, 은혜의 보좌 앞으로 달려가는 살아 있는 믿음으로 경건의 열매들이 발견되어야 한다고 말했다.

뉴욕시의 럿거스 스트리트(Rutgers Street) 장로교회의 존 크랩스(John Krebs) 목사는 회개하지 않는 죄인들과 위선자들을 깨우기 위해 그들의 특징과 심판 때에 이를 갈며 슬피 울게 될 것을 다음과 같이 설교하였다.

아마도 심판에 처해 고통받고 있는 그들은, 자신들이 천국에서 배제된다는 생각을 한번도 하지 않았을 것입니다. 헛된 소망을 가진 그들은 하나님의 진리에 대해 의도적으로 무지하고, 다가올 진노에 대해서는 마음조차 두지 않고 진노로부터 피하려는 노력도 없이, 자신이 안전하다고 느끼며 장래의 축복을 확신하면서 자신들을 속이고 있습니다. 그러나 이러한 자기 기만은 그들을 더 이상 위로할 수 없습니다. 심판으로부터 빠져나가려는 소망은 거미줄에 걸린 것과 같이 되어 없어질 것이며 죽음과 영별의 실제적 체험으로 인해 심히 당황하게 될 것입니다. 이렇게 지독한 실망에 빠질 자들의 특징을 살펴봅시다. 하나님의 진리를 모독하고 하나님을 거짓말쟁이로 상스럽게 말하며, 사악한 사기꾼으로서 예수님을 짓밟고, 언약의 피를 모욕했던 그들은 보좌에 있는 하나님의 어린양을 발견하게 될 것입니다. 비이성적으로 반대함으로써, 보응의 경고들을 경멸함으로써, 헛된 환상의 꿈을 가짐으로써 하나님의 법을 모독한 자들은 바로 그 법 앞에 서게 되어 하늘로부터 모든 경건치 않은 자들에게 임할 하나님의 진노를 느끼게 될 것입니다. 육체와 안목의 정욕에 자신을 내던지고, 한없이 교만한 세상적인 자들은 이 땅의 임시적인 것만으로 충족해 하며, 떠들썩하고 화려한 것들로 즐거움을 삼습니다. 그들은 미래에 대해 전혀 생각하지 않습니다. 죽음은 영원한 수면이라고 생각하면서 만족하고 있습니다. 그러나 결국 자기 자신들에 대해서 깨닫게 되는데, 그것은 고통 가운데 있는 지옥입니다. 그들은 회개하지 않습니다. 그리고 그리스도를 믿고 따르는 것을 소용없는 것으로 간주합니다. 그러면서도 하나님께서는 종국에 한 사람의 예외도 없이 모든 사람들에게 자비를 베푸실 것이라고 생각하면서 자신을 위로합니다. 그러다가 결국 자기 자신이 죄인인 것과 엄청난 잘못을 행한 것을 발견하게 됩니다. 그렇지만 하나님의 얼굴이 그들을 향해 있는 것을 볼 때는 이미 너무 늦은 것입니다.

그들은 스스로 의인된 자들로서 자신의 죄성에 대한 것을 일축합니다. 화를 내면서 그리스도의 필요성에 대해 부정합니다. 또한 자기 자신이 행한 것들과 바르고 비난받지 않는 삶을 근거로 해서 의롭다 함을 받을 것을 기대합니다. 하나님 백성의 죄들을 보면서 죄짓는 자신을 달래고 천국 소망을 가지는 자들이 있습니다. 이것은 자기 영혼에게 쓰레기를 먹이는 것입니다. 경건과 거룩한 삶을 얻기 위해 어떠한 노력도 하지 않으면서 만족하고 있습니다. 그러나 언젠가 그들은 자기가 잘못된 고백자임을 발견하게 될 것입니다. 그들은 형식주의자들로서 빈 껍데기의 고백과 자신의 입에 있는 종교적 언어와 예식을 의지합니다. 그러면서 그 심령은 불의 가운데 있으며, 정직하지 못하고, 사랑하지 않으며 겸손히 하나님과 동행하지 않습니다. 그들은 "내가 너를 도무지 모르니 불법을 행하는 자들아 나로부터 떠나라" 하는 주님의 말씀을 들을 것입니다. 이들은 긴급한 복음의 초청을 만나고도 미루는 자들입니다. 자신들의 소망과 결심들이 얼마나 잘못된 것인가를 알면서도, 보다 편리한 시간이 올 때까지 회개를 미루는 자들입니다. 그러한 편리한 계절은 오지 않을 것입니다.

깨어난 죄인은 어떻게 해야 구원을 얻을 수 있는가에 대해 걱정하고 고민합니다. 그런 자에게는 하나님 나라가 매우 가깝습니다. 소망과 두려움이 그를 깨어 있게 하고, 그의 마음속에서 그 두 가지가 서로 다툽니다. 그러나 이러한 충돌 속에서 주저주저하며 믿지 못하여 그리스도께 나아가지 않고 뒤로 물러서면 안 됩니다. 만약 그러면 두렵고 믿지 않는 상태로 남아 있게 됩니다. 성령을 거스르고, 성령을 소멸합니다. 그리고 결국 바깥 어두움에 던져집니다 (Sheldon, ed., 1860, 131-137).

결국 이 설교의 결론 부분에서는 죄에 대해 슬퍼하고 구원에 이르는 회개를 할 것을 요구하고 있다. 이러한 설교의 패턴은 구약성경의 선지자들이 그 백성들의 죄악을 지적하고 회개를 촉구한 유형으로서 이미 제1, 2차 영적 대각성과 대부흥 가운데 많이 사용되었던 것들이다.

제1, 2차 영적 대각성 당시에 강조되었던 "찾고 구하는 원리"가 1857-1858년의 대부흥 때에도 역시 강조되었다. 뉴욕 부루클린(Brooklyn)의 화란 개혁교회 목사인 조지 베둔(George Bethune) 목사는 "찾고 구하는 원리"에 대해 다음과 같이 강해하였다.

그리스도는 우리가 그에게 나아와, 용서의 기도를 드리고, 낙망치 아니하고 자비의 문을 두드리며, 좁은 문으로 들어가기를 힘쓰라고 명령하십니다. 그리고 만약 우리가 신실한 갈망을 가지고 영생을 구할 때 우리에게 확실한 구원을 약속한다고 말씀하십니다. 주를 찾지 않는 자들은 멸망받을 것입니다. 라오디게아 교회에 보낸 편지에서, 그들은 모든 은혜의 수단들을 풍성히 누림에도 불구하고, 미온적이며 스스로 의롭다 여겼습니다. 그들은 복음이 제공하는 것과 요구하는 것을 알고 있었습니다. 그러나 그들은 하나님의 도움을 구하지도 않았고 하나님을 향하여 봉사하지도 하지 않았습니다. 이런 자들은 아직 자신들이 그리스도인이라고 한번도 고백하지 않은 자들과 같은 자들입니다. 그들은 영적 생명을 위해 그리스도께 나아가야 합니다. 열심을 내고 회개해야 합니다(Sheldon, ed., 1860, 85-86).

뉴욕의 포스 스트리트(4th Street) 장로교회의 조엘 파커(Joel Parker) 목사도 "찾고 구하는 원리"를 강조하였다. 그는 찾고 구하는 것이 신실한 회개와 믿음의 실행 과정이라고 설명하였다. 이것은 죄로 인하여 심령이 가난해진 자들이 그 무거운 짐을 벗기 위해 전심으로 주를 찾고 구함으로써 결국 안식을 누리는 과정을 말한다. 조엘 파커는 이 과정을 한 죄인의 기도로 설명하고 있다.

하나님의 말씀과 하나님께서 정하신 은혜의 수단이 나를 가르칩니다. 성령께서 나의 죄를 질책합니다. 높이 들리신 하나님의 어린 양의 피가 나의 양심에 호소합니다. 찔림을 받고 돌아가신 구주가 유일하게 나를 고치실 수 있는 분임을 말합니다. 마치 광야에서 불뱀에 물린 이스라엘이 은혜의 상징인 놋뱀을 바라보듯이 주의 은혜로 나를 도와서서 구주를 바라보게 하소서. 주의 능력으로 나의 파산되고 소망 없는 품성에서 역사하는 죽음의 일들을 멈추게 하옵소서. 주께서 저에게 주를 찾으라 명하시지 않았습니까? 하나님이시여, 주의 은혜로 나를 도와주시옵소서. 내가 주를 전심으로 찾나이다(Sheldon, ed., 1860, 170).

대부흥 때에도 제1, 2차 영적 대각성 당시와 마찬가지로 "진정한 회개"에 대한 많은 설교가 있었다. 그러한 설교들 가운데 하나의 예로서 뉴욕시의 포틴스 스트리트(14th Street) 장로교회 아사 스미스(Asa Smith) 목사의 설교를 소개해 보겠다.

진정한 회개는 3가지 특징을 가지고 있습니다.
첫 번째, 죄의 질책입니다. 이것은 우리의 죄성에 대한 질책입니다. 이것 없이는 그리스도를 받아들일 수가 없습니다. 아프지 않은 자는 의원이 필요 없기 때문입니다. 죄의 질책은 외적, 내적인 어떤 특정한 죄에 대해서뿐 아니라 하나님을 대항하여 지은 총체적 죄에 대해 이루어집니다. 구원에 있어서 성령님께서는 여러 가지로 역사하시지만 이것은 필수적입니다. 우리는 우리 자신에 대해서 전적으로 용서할 수 없는 죄성과 정죄된 자라는 것과 우리 안에 소망이 없음을 깨닫게 됩니다.

두 번째, 죄에 대해 혐오하는 것입니다. 이것은 회개가 단지 지적 인식 이상인 것을 의미합니다. 어떤 일에 대해서 판단이나 양심이 정죄할 때, 그 마음은 그 일을 하지 않으려고 해야 합니다. 그것을 싫어하고 그 반대의 것을 원해야 합니다. 그것이 나쁘게 보일 뿐만 아니라 그것이 미운 것으로 느껴져야 합니다.

세 번째, 죄를 벗어 던지는 것입니다. 이것이 가장 중요한 요소입니다. 이것으로 우리는 우리 자신이 죄를 진정으로 미워한다는 것을 증거할 수 있습니다. 모든 느낌에 있어서 우리는 우리 스스로를 속이기 쉽습니다. 느낌이라는 것은 만질 수 없고, 변하기 쉬우며, 덧없이 사라지는 것입니다. 우리는 단지 동물적인 전율을 가지고 우리의 의지에 큰 변화가 일어난 것으로 쉽게 착각할 수 있습니다. 우리의 상상은 뜬구름과 같은 느낌을 확고한 원리로 착각하게 만듭니다. 우리의 내적 변화를 확실하게 확인할 수 있는 것은 행위입니다. 성경은 그들의 씨로써가 아니라 열매로써 알 수 있다고 했습니다. 씨는 거짓일 수 있으며, 배아(胚芽)는 생명력이 결여될 수 있습니다. 회개는 반드시 행함이 있어야 합니다. 마음으로나 생각으로나 행동으로나 생활에 있어서 하나님의 법이 금하고 있는 것을 실제적으로 버리는 것이 반드시 있어야 합니다(Sheldon, 1860, 308-315).

이상과 같이 제1, 2차 영적 대각성과 1857-1858년의 대부흥, 경건한 목회자들의 설교와 가르침은 밀접한 관계가 있음을 살펴보았다. 그리고 그들의 설교와 가르침이 어떤 특정한 목표와 주제들을 다루고 있다는 것도 확인할 수 있었다. 즉 그들은 경건을 생산해 내기 위해 회심을 목표로 설교하였으며, 그것을 위해서 구원의 도와 성령의 일하시는 방법에 대해 강조했던 것이다.

10

부흥을 위한 기도

부흥을 위한 기도의 신학은 조나단 에드워즈로부터 시작한다. 그는 "겸손한 시도"라는 소고에서 부흥을 위해 뜻을 모아 연합하여 합심 기도하는 것이 하나님의 뜻임을 신학적으로 설명하고 있다. 이 소고는 전제로서 하나님의 교회의 현재 상태에 대해서 깊이 생각한 자들이 (1) 하나님의 교회가 쇠퇴하여, 영적으로 비참하고 재앙적인 상태가 된 것을 통탄하고, 따라서 (2) 진정한 복음이 다시 외쳐지기를 갈망하며, (3) 그 복음이 온 세상을 뒤덮기를 바라는 목회자와 하나님의 백성이 기도하는 것을 말하고 있다. 이것이 연합하여 특별하게 간절히 기도하는 이유이다. 따라서 기도의 내용은, 하나님의 모든 은혜를 구하여 다시금 하나님의 교회에 복을 주셔서 시온을 향한 그의 사랑이 나타나고, 성령을 그의 교회 위에 쏟아 부어주셔서 참된 믿음의 종교가 되살아나며, 만방에 복음이 전해지기를 구하는 것이다. 이것이 부흥을 위한 특별 기도의 목표이다. 한 걸음 더 나아가, 조나단 에드워즈는 기도와 부흥과의 관계를 다음과 같이 설명한다.

> 스가랴 8:20-23은 다음과 같은 방법으로 성취됩니다. 하나님은 그분의 백성에게 기도하는 영을 풍성히 주십니다. 많은 장소에서 그들의 뜻이 하나 되게 하십니다. 그리하여 그들은 연합하여 특별한 방법으로 하나님께 기도합니다. 하나님께서는 당신의 교회에 도움을 주시기 위해 그리고 인류에게 자비를 베푸시기 위해 나타나십니다. 그리고 당신의 영을 쏟아 부어주시고, 당신의 일을 다시 살리시며, 그가 약속하신 대로 이 땅에서 영적인 그의 나라가 진전되게 하십니다. 기도하게 하시며 그 가운데 연합하게 하시는 것이 점점 더 확산되고 그 정도도 더욱 강해질 것입니다. 그리고 마침내 부흥이 시작되며, 하나님의 백성들은 하나님을 위한 예배와 봉사에 더욱 열심히 참여하게 될 것입니다. 이것은 다른 사람을 깨우는 수단이 되어서, 자신의 영혼의 부족함을 깨닫고, 영적 유익을 위해 더 큰 관심을 가지며, 영적 자비를 위해 하나님 앞에 간절히 기도하게 하

고, 특별 기도와 봉사에 참여하게 합니다. 이러한 방법으로 종교는 그 각성이 높은 위치에 도달하기까지, 나라 전체가 깨어날 때까지, 그리고 결국에는 세계의 주요한 나라들이 하나님의 교회에 접근할 때까지 널리 전파될 것입니다. 그래서 이스라엘의 많은 도시의 거주자들 혹은 하나님을 고백하는 백성들이 일어나서 확고한 결심에 동참하여 주 앞에 기도하고 주를 찾으면, 다른 이들도 하나님을 예배하고 섬기기 위해 그들과 함께할 것입니다. 그리고 마침내 많은 백성과 강한 민족들이 그들과 함께하며 어느 정도 시간이 경과하면 엄청나게 많은 사람들이 교회로 몰려오고, 이것은 이전보다 열 배나 더할 것이며 마침내 모든 민족이 회심하고 주께로 돌아올 것입니다. 따라서 "다른 열국 백성 열 명이 유다 사람 하나의 옷자락을 잡을 것이라 곧 잡고 말하기를 하나님이 너희와 함께하심을 들었나니 우리가 너희와 함께 가려 하노라"(슥 8:23)는 말씀이 성취될 것이며, "기도를 들으시는 주여 모든 육체가 주께 나아오리이다"(시 65:2)라는 말씀이 성취될 것입니다(Edwards, 2:281-282).

계속해서 조나단 에드워즈는 부흥을 위한 합심 기도가 하나님을 기쁘시게 하는 일이며, 하나님의 백성의 의무인 것을 다음과 같이 강조하였다.

    부흥을 위한 특별 기도는 매우 합당한 것이며, 하나님을 기쁘시게 해드리는 것입니다. 왜냐하면 세상의 여러 곳에 흩어져 있는 많은 사람들이 서로 동의함으로써 특별하게 빠른 속도로 열심이 있는 지속적인 기도에 연합하기 때문입니다. 또한 세대의 마지막 때에 때때로 하나님께서 약속하신 성령을 쏟아 부어주셔서 그리스도의 교회와 나라가 진전되는 것을 가져다주기 때문입니다(Edwards, 2:282).

조나단 에드워즈의 부흥을 위한 기도라는 책은 앤드류 풀러(Andrew Fuller)와 윌리엄 케리(William Carey)에게 영향을 미쳐서 현대 선교의 시작의 문을 열게 하였다. 그리고 1789년 재판이 발행되면서 제2차 영적 대각성을 준비하는 데 공헌하였다.

1857-1858년의 대부흥은 뉴욕에서 시작한 "정오 기도회"가운데 일어났다. 이것을 시작한 이는 제레마이어 램피어였는데 그는 부흥 신학자 제임스 알렉산더로부터 훈련받은 자였다(Prime, 1859). 제임스 알렉산더는 부흥을 위해 기도하는 것을 강조했으며, 더욱 구체적으로 성령을 위해 기도할 것을 다음과 같이 가르쳤다.

모든 영적 대각성과 풍성한 영혼의 추수는 성령으로부터 나오는 것입니다. 따라서 끈질긴 기도로 같은 성령을 구하는 것입니다. 우리가 구하는 성령은 거듭남과 성화의 저자(author)입니다. 만약 하나님께서 이것들(거듭남, 성화)을 보다 광범위하게 허락하시면 이것이 부흥이 되는 것입니다. 영적 실체를 보지 못하고 있는 수천의 영적 장님들을 보십시오. 우리가 그들을 위해 가장 중요하고 필수적으로 구할 수 있는 것은 죄에 대하여, 의에 대하여, 심판에 대하여 세상을 책망하시는 진리의 성령이지 않습니까? 그는 악인, 혹은 타락한 자들을 그리고 교회만 왔다갔다하는 바리새인과 같은 자들을 회심시킬 수 있습니다. 그리고 수천의 사람들을 한번에 갱신시킬 수 있습니다. 누가 깨어서 수많은 죄인들의 회심을 위해 하나님께 간구하겠습니까?

부흥은 성화에 의해 증가됩니다. 죄인들의 회심은 성화의 시작입니다. 따라서 우리는 성령과 성령의 선물이 필요합니다. 우리는 고백하는 그리스도인 안에서 역사하는 죄의 능력을 부수고 그들의 정욕을 십자가에 못박기 위해 성령이 필요합니다. 한마디로 성령은 부흥의 영입니다. 간절히 그리고 매일 그리스도의 백성이 연합하여 이러한 선물을 위해 드리는 기도는 괄목하게 하나님을 높이는 것입니다. 우리는 이미 이렇게 기도 가운데 애쓰는 자들에게 하나님께서 놀라운 복을 주시는 것을 알고 있습니다. 성령께서는 선물들을 보내주십니다. 그것들은 성공적인 사역을 위해 필수적입니다. 기적적인 은사들은 반드시 필요합니다. 모든 감동, 지혜, 사역들은 그 근원이 같습니다. 우리에게 성공이 결여된 것은 우리에게 간절함이 없었고, 구하지도 않았기 때문입니다. 우리는 하나님을 간절히 필요로 하지 않았고 우리 자신의 낮은 수준에서 희미한 개념과 소망 가운데 있었습니다. 우리는 구하지 않았기 때문에 가지지 못했습니다.

만약 우리가 하나님의 능력과 은혜와 신실하심의 깊고 엄중한 감동 아래 있다면 어찌 한 사람이 천을 쫓으며 두 사람이 만을 도망케 하겠습니까!(신 32:30) 부흥이 우리에게 가르쳐 주는 교훈은, 보다 크며 영광스러운 성령의 부어주심을 위한 끊임없는 간구가 우리의 의무라는 것입니다(Alexander, 1858b, 41-45).

1907년 평양 대부흥 역시 "부흥을 위한 기도"와 깊은 관계를 갖는다. 평양 대부흥이 일어나기 5개월 전인 1906년 8월부터 평양에 주재한 미국 북 장로교 선교사들은 하워드 존스톤(Howard Johnston)으로부터 인도에서 일어난 부흥의 소식을 듣고 더욱 부흥을 갈망하게 되었다. 그래서 그들은 한국 그리스도인들과 함께 구체적으로 성령의 쏟아 부어주심을 위해 기도회를 열고 기도하기 시작하였다. 특별한 성령의 나타나심이 없었지만 계속해서 그해 가을과 겨울에도 기도하였다. 1906년 12월 26일부터 선교사들은 특별 기도 주간을 가지고 정오에 기도하였다. 기도 제목은 1907년 정월 첫 주간에 모이는 남성 성경 연구반 위에 특별한 성령의 쏟아 부어주심이 있기를 바라는 것이었다. 결국 이들의 기도에 하나님께서 응답하셔서 1907년 1월 8일부터 성령을 쏟아 부어주셨다(Korea Mission Field, 1907년 3월).

여기서 우리가 주목할 필요가 있는 것은 선교사들이 부흥의 필요성을 매우 절실하게 느꼈을 뿐 아니라 '부흥을 위한 기도'의 중요성을 인식하고 그것을 실행했다는 것이다. 이것은 그들에게 제1, 2차 영적 대각성과 1857-1858년 대부흥의 신학적 유산이 있었기 때문이다.

부흥을 위한 기도는 매우 중요하다. 이것은 교회 경건의 회복을 위해 목회자들이 자신의 능력이나 가르침에 의존하지 않고 신적 도움에 절대적으로 의지하는 것을 보여 주기 때문이다. 그래서 "겸손한 시도"라고 이름한 것이다. 이렇게 부흥을 위해 특별 기도를 하는 목회자는 경건을 잃어버린 교회의 심각성을 누구보다 잘 깨닫고 있는 자이고, 그로 인해 교회에 복음의 능력이 나타나지 않음을 누구보다 슬퍼하고 있는 자이며, 복음이 전해지지 못해 사회가 어두워지고 많은 자들이 어두움에 처해 있는 것을 안타까워하는 자이다. 그래서 그들은 이러한 문제들을 해결하기 위해 하나님 앞에 특별 기도를 드리는 것이다. 그리고 하나님께서는 주권적으로 이 일을 성취하시기 위해서 이러한 자들을 모아 연합하여 기도하게 하시는 것이다.

11

부흥의 장애요소와 부흥을 방해하는 악에 대한 대응

하나님께서 주신 부흥이 있을 때마다 그 부흥에 반대하는 자들이 반드시 나타났다. 또 다른 극단으로서, 하나님께서 주신 부흥을 헛되게 하고 잘못된 길로 빠지게 하는 열광주의자들도 항상 등장하였다. 따라서 하나님의 주신 부흥을 잘 보전하기 위해서는 이러한 양 극단주의자들과 싸워야 했다. 부흥의 장애 요소와 악으로부터 부흥을 지키려고 노력한 자들로 제1차 영적 대각성 당시, 조나단 에드워즈, 조나단 디킨슨, 길버트 테넌트가 있으며, 제2차 영적 대각성 때에는 찰스 피니의 부흥주의와 싸운 장로교의 구학파와 프린스턴 신학교 교수들, 그리고 아사헬 네틀톤과 에드워드 그리핀이 있다.

1. 조나단 에드워즈

제1차 영적 대각성 당시 조나단 에드워즈는 먼저 이성주의자들의 공격에 직면하였다. 그들 가운데 대표적 인물은 찰스 촌시(Charles Chauncy)였다. 찰스 촌시는 부흥을 직접적으로 반대하였다. 그는 부흥이 일어날 때 오류로 발생하는 열광주의 현상을 지적하면서 이는 성령의 역사가 아니라고 비판하였다. 찰스 촌시는 1742년 "열광주의의 서술과 경고"(Enthusiasm described and caution's against)라는 설교에서 부흥의 현상을 고린도 교회의 모습에 비유하여, 은사 자랑으로 인한 교만, 자기 과시로 인한 싸움들, 알아듣지도 못하는 방언으로 인한 혼동, 직접적인 계시의 주장들과 같은 오류들을 지적하면서 부흥을 반대하였다. 여기에서 찰스 촌시는 부흥 그 자체의 성질을 보지 않고 부흥이 일어날 때 발생되는 오류인 열광주의와 감정주의만을 보면서 부흥에 반대한 것이다.

이러한 찰스 촌시의 공격에 대항해 조나단 에드워즈는 1742년 "부흥에 대한 생각들"(Thoughts on the Revival)이란 논문을 쓰면서 부흥을 변호하였다. 조나단 에드워즈 역시 찰스 촌시가 지적한 오류들에 대한 위험들을 이미 알고 있었지만, 오류만을 보면서 하나님께서 주신 부흥을 반대해서는 안 되며, 부흥의 전체를 보아야 함을 말했다. 즉 부흥을 판단할 때 부흥의 효과와 성경의 규칙을 가지고 하되, 부흥을 전체적으로 보아야 한다고 강조한 것이다. 또한 그는 다음과 같이 말했다.

> 부흥을 거부하는 이들은 나쁜 것과 좋은 것을 바르게 분별하지 못하고, 부분적인 것을 가지고 전체를 잘못 판단하는 것입니다. 부흥에 있어서 일반적이고 가장 주된 것을 거부하는 이유는 그 안에 비본질적인 악이 있기 때문입니다(Edwards 1:371).

이 논문에서 조나단 에드워즈는 부흥의 가장 본질적인 것에 대해 변호하면서, 또한 부흥 가운데 일어나는 오류의 원인들을 설명하였다. 그 오류의 원인들 가운데 첫째로, 영적 교만을 지적하였다. 영적 교만은 마귀에게 문을 열어 주어서 오류들을 발생시키는 것이다. 둘째로, 잘못된 원리들을 채택함으로써 오류들이 생김을 언급하였다. 즉 어떤 감각적인 인상들을 그 수단으로 사용하여 상상력을 일으키고 그것을 직접 계시와 같이 취급하여 스스로를 속이는 오류를 말한다. 셋째로, 무지함과 부주의로 마귀에게 이용당해 발생되는 오류를 말했고, 넷째로, 다른 사람들을 비난함으로써 발생되는 오류에 대해 경계하였다. 다섯째로, 평신도들의 잘못된 권고와 그 오류들이 연계되어 있음을 주의시켰고, 여섯째로, 하나님께 드리는 찬양들이 존경과 진지함이 없이 즐거움과 오락을 위한 것과 같이 드려지는 오류를 말하면서 이러한 것들을 피해야 한다고 강조하였다.

이러한 조나단 에드워즈의 부흥에 대한 변호의 글에 대해, 찰스 촌시는 1743년 "종교의 상태에 대한 때에 맞는 생각들"(Seasonable Thoughts on the State of Religion)이란 글을 통하여 조나단 에드워즈를 다시 공격하였다. 찰스 촌시의 이 글은 미국 이성주의의 첫 번째 광범위한 주장으로 평가되고 있는 논문이다. 이 글에서 찰스 촌시가 주장하는 것은 믿음의 정적인 면이 이성의 지배 아래 있어야 한다는 것이었다. 따라서 이러한 논리 아래, 부흥 가운데 나타나는 현상들은 동물적인 열정들이 이성의 지배를 받지 않아서 나타나는 사탄적인 것이라고 말했다. 찰스 촌시의 이러한 이분론(二分論)은 스콜라 철학의 심리학에 사로잡혀 있는 것이었다.

이러한 찰스 촌시의 이성주의로 부흥을 비판하는 글에 대해서, 조나단 에드워즈는 다시 반론하기 위해 붓을 들었다. 1746년 종교적 감정(Religious Affections)이란 책을 쓰면서, 찰스 촌시의 이성주의에 반대하는 논지를 편 조나단 에드워즈는 종교적인 사람은 그 감정을 이성에 종속시키지 않으며, 이성 자체가 감정적이고, 감정은 지적인 것으로 보았다. 또한 그 사람의 전체가 연루되어 있어, 감정적 성향과 지적 성향이 동시에 조화롭게 움직이는 것이며, 감정들은 의지의 움직임이라고 주장하였다. 그래서 믿음의 행위들을 지적인 것과 의지적인 것이 서로 조화를 이룬 가운데 마음으로 인식할 수 있는 것으로 보았다.

따라서 조나단 에드워즈는 부흥 가운데 성령께서 일하실 때 그 이해에 빛이 있고, 의지 가운데 열이 있는 것으로 보았다. 이는 성령의 은혜를 받는 사람들은 지적인 면과 감정적인 면에서 통일체이기 때문이다. 그리고 성령께서 일하시는 방법으로 인해 성령의 조명은 그 의지에 새로운 원리를 주입하여 주는 것이기 때문이다. 결국 찰스 촌시의 이성주의에 대한 조나단 에드워즈의 논거는 다음과 같이 요약할 수 있다. "성령의 역사로 인해 믿음이 생성될 때 감정이 일어나며, 그 성향은 감정적으로 움직이고, 이성은 계발된다. 이것이 바로 믿음의 성질이며, 사람의 성질이다."

조나단 에드워즈의 이러한 논리는 뉴잉글랜드 청교도 신학자인 토마스 쉐퍼드의 회심 신학을 근거로 한 것이다. 즉 한 영혼이 회심할 때 성경적으로 인식할 수 있으며, 성령에 의한 것이기 때문에 증거가 있다. 그 증거들은 진실되고 은혜로운 감정들의 증거와 경건한 감정들의 증거이다. 조나단 에드워즈는 이 원리를 변론적으로 말한 것이다. 이 원리는 다른 한편으로 조나단 에드워즈가 하나님께서 주신 부흥을 지지하는 원리가 되기도 하였다.

조나단 에드워즈는 이렇게 부흥을 반대하는 이성주의자들뿐만 아니라 다른 한편의 극단인 열광주의자들과도 싸워야 했다. 열광주의자들은 자신들의 체험에 확신을 가지고 스스로 교만하여 믿음이 지시하는 길과 반대의 길로 가며 자신들의 체험을 중요시한 나머지 하나님과 하나님의 말씀을 거스르는 결과를 낳고 있었다. 열광주의자들은 하나님의 말씀과 성령의 관계를 무시하며, 감정이 고조된 상태에서 은혜의 증거를 발견하려고 애썼다. 그리고 체험에 대해 성경이 판단하는 것을 넘어서고, 성령의 즉각적인 음성과 인도를 받으라고 부추기며, 이러한 것들을 하나님 말씀보다 우선순위에 두었다. 그들은 황홀경과 도취 상태에서 하늘로부터 오는 직접 계시를 통해, 하나님께서 어떤 특정한 사람에게 새로운 의미를 말씀하시는 것을 중요시하였다. 열광주의자들은 고조된 감정 상태에서 나타나는 현상들을 은혜의 증거들로 보고 그것을 장려하였다.

조나단 에드워즈는 이성주의를 반박했던 종교적 감정에서 열광주의자들의 오류들에 대해서도 지적하였다. 그는 열광주의를 가짜 모조품 종교라고 말하면서, 그것은 믿음의 정수를 타락시켜서 내적 체험의 문제로만 보고 완전히 주관적인 것으로 만드는 것이며, 객관적인 하나님의 말씀과 성령의 조명의 역사를 완전히 분리할

뿐 아니라 인간의 체험 자체를 판단의 기준으로 삼는 것이라고 했다. 그리고 이러한 열광주의가 하나님께서 복을 내리시는 부흥을 헛되게 하려는 사탄의 역사라고 말했다.

> 하나님께서 성령을 쏟아 부어주심으로 영광스러운 일이 시작될 때 옛 뱀은 가능한 한 빨리 모든 수단을 동원해서 가짜 모조품들을 투입해 진짜와 섞이게 하여 얼마 안 있어 모든 것을 혼돈 속으로 몰아갑니다. 이것의 파괴적인 결과와, 모든 것을 황폐하게 만드는 그 어마어마한 효과를 보고 놀라기 전까지는 이것들을 쉽게 상상하거나 인식할 수 없습니다(Smith, 1959, 287: Yale판).

조나단 에드워즈는 부흥 가운데 또 하나의 신학적 오류인 도덕률폐기론자들과 싸워야 했다. 이들은 의롭게 하는 믿음과 구원의 확신의 믿음을 동일시하며, 성화와 구원의 확신의 관계를 끊어 놓는다. 그래서 성화를 구원에 포함시키지 않고 하나의 선택 조항으로 두거나 혹은 의롭다 여김을 받을 때 완전 성화했다고 보기도 한다. 따라서 성화의 삶을 무시하고 성화의 수단인 도덕법의 중요성을 아예 무시하는 이들을 "도덕률폐기론자"라고 부른다. 영적 대각성 가운데 이러한 잘못된 신학이 유행하는 이유는 바로 열광주의자들 때문이었다. 그들은 칭의가 직접적 계시나 하나님으로부터 직접적인 음성을 듣는 것과 함께 동반되는 것으로 여겼다. 이러한 직접적 계시를 받은 자들의 구원의 확신을 다른 어느 곳에서도 찾을 수가 없었다. 그리고 그들의 삶을 통해서 진정한 회개나 믿음의 증거가 없었고 성화의 삶은 더욱 불가능했기 때문에, 자연히 칭의의 근거를 직접적 계시나 음성으로 여길 수밖에 없었다. 그래서 열광주의자들은 칭의를 완전 성화로 간주하는 도덕률폐기론의 입장을 자연스럽게 취하게 된 것이다.

이렇게 조나단 에드워즈는 종교적 감정에서 구원의 확신을 환상이나 상상력이 동원된 음성과 화상에 의지하는 열광주의의 오류들을 지적하였다. 그뿐 아니라 진정으로 구원에 이르는 회심의 체험에 대해, 그리고 진정한 구원의 은혜의 상태에 대해 강해하였다. 이에 한 걸음 더 나아가, "진정한 덕의 성질"(On the nature of True Virtue)이란 논문에서(이는 조나단 에드워즈가 죽은 지 7년 후 사무엘 홉킨스에 의해 출판되었다) 그는 믿음과 행위와의 관계에 대해 신학적 강해를 펼쳤다. 이 논문에서 그는 열광주의자들이 영적 교만으로 이웃을 정죄하고, 경건이 결여된 상태에서 하나님을 두려워하지도 않으며, 하나님을 사랑하지도 않고, 무책임하고, 행함이 없음을 지적하였다. 또한 믿음과 행위를 나눌 수 없음을 설명하였다. 결국 조나단 에드워즈는 부흥을 헛되게 하는 열광주의와 도덕률폐기론자들을 향하여, 의롭게 하는 믿음은 성화를 일으키는 믿음이라는 것과, 그 믿음은 반드시 선행의 증거와 열매들로 나타나야 한다고 말했다.

조나단 에드워즈가 부흥을 반대하는 이성주의와 싸우고, 다른 극단인 열광주의와 도덕률폐기론자들과 싸웠지만, 부흥이 일어나기 전과 부흥이 끝난 후에도 끊임없이 싸우는 상대가 있었는데, 그 상대는 다름 아닌 알미니안주의자들이었다. 조나단 에드워즈는 일찍이 알미니안주의자들의 오류와 위험성을 지적하였고, 부흥이 끝난 후에도 부흥의 효과를 무위로 돌리려는 알미니안주의자들을 향해 경계의 고삐를 늦추지 않았다.

부흥이 일어나기 전 조나단 에드워즈는 교회 내에 알미니안주의가 확장되는 것을 가장 염려하였다. 그것은 자유주의 신학으로 교회의 경건을 무너뜨리는 직접적인 원인이었기 때문이다. 따라서 그는 1734년 "믿음으로만 의롭게 됨"(Justification by faith alone)이란 제목 아래 설교하였다. 이 설교에서 조나단 에드워즈는 알미니안 신학 아래서 경건치 못한 자들이 많이 일어나는 이유를 설명하였다. 즉 알미니안주의자들은 칭의를 위해서 자신의 의를 신뢰하고, 자신들을 너무 높게 평가하고 있으며, 이로 인해 육적인 자들이 많아질 수밖에 없다고 지적하였다.

제1차 영적 대각성이 본격화되는 1740년대에 이르러 이성주의자들이 부흥을 반대하고 나설 때 그 방향을 알미니안주의를 지지하는 것으로 발전시켰다. 따라서 알미니안주의자들은 부흥의 더 큰 적으로 등장했다. 알미니안주의를 지지하는 대표적 신학자로서는 찰스 촌시, 조나단 메이휴(Jonathan Mayhew), 에벤에젤 게이(Ebenezer Gay)가 있으며 이들은 '이중 예정', '영원한 정죄', '원죄', '인간의 도덕적 무능'을 부정하였다. 사실 이들이 부정하는 교리들은 영적 대각성 당시 중요하게 설교되었던 내용들이었다. 그러나 알미니안주의자들은 이러한 교리들이 하나님의 자비로운 성품과는 맞지 않는다고 주장하였다. 그리고 이 교리들은 잔인하고, 비이성적이며, 애매모호한 것들이라고 비난하였다. 이런 교리 속에서의 하나님은 인간의 행복을 빼앗아 하나님 자신의 영광만을 증진시키는 분이라고 불평하였다. 그리하여 그들은 개인이 자연적, 도덕적 인식과 능력이 있다고 주장하면서 이러한 기능들은 교육을 통해서 증진시킬 수 있다고 보았다. 따라서 죄의 질책을 받고, 자기의 죄성을 깨달으며, 완전히 겸손하여져서 하나님께서 마련하신 은혜를 붙잡는 것은 이들에게는 믿어지지 않고 어리석은 것으로 보이는 것이었다. 이들은 자신들에게 있는 자연적 능력, 특히 스스로를 결정할 수 있는 능력을 사용하여 자신들의 구원을 위해 스스로 공헌하면 된다고 생각했다. 즉 하나님의 도움 없이 다만 일반적인 은혜의 도움을 받아 자신의 구원을 성취할 수 있다는 것이었다. 따라서 이들에게 자신의 삶 속에서 성품의 변화 같은 것은 필요 없는 것이 되고 만다. 결국 알미니안주의자들에게는 경건의 능력을 찾아볼 수 없고, 다만 자신의 능력으로 수행되어지는, 즉 중생이 없는 상태에서 행해지는 외양적인 도덕적 삶만이 있는 것이다.

일찍이 이러한 알미니안주의의 해로움을 알고 있었던 조나단 에드워즈는 영적 대각성 가운데 다시 일어나고 있는 알미니안주의에 대해 묵과할 수가 없었다. 그래서 그는 영적 대각성 후기와 그것이 끝난 후에, 알미니안주의에 대항하여 최대의 신학적 공격을 가했다. 1747년에는 스코틀랜드의 존 어스킨(John Erskin)에게 연속적으로 편지하여 알미니안주의에 대한 신학적 강해를 폈고, 1754년 자유의지(Freedom of Will)를 출판하여 알미니안주의의 골격을 설명했다. 여기서 그는 칼빈주의 5대 교리를 주장하면서 인간의 구원에 있어 하나님의 능력과 영광을 변호하였다. 그리고 그의 살아생전의 마지막 작품인 1758년에 출판된 원죄(The Great Christian Doctrine of Original Sin defended) 역시 알미니안주의자들을 향하여 인간의 전적 부패를 다룬 것이었다. 더욱이 그의 유고 작품인 진정한 덕의 성질(On the nature of True Virtue)에서도 인간의 무능과 부패를 다루고 있다.

이렇게 그가 부흥 이후에 그리고 자신의 생애의 마지막을 알미니안주의자들과 싸운 것은 알미니안주의 신학이 철저히 인본주의이며, 인간의 이성을 기준으로 하여 하나님을 그것에 맞게 재구성하는 그들의 자유주의적 경향이 얼마나 악한 영향과 결과를 낳고 그것이 교회의 경건을 무너뜨리는 주 요인이라는 것을 누구보다 잘 알고 있었기 때문이었다. 이러한 면에서 그는 1628년에서 1640년까지 잉글랜드 청교도들이 알미니안주의자들과 처절하게 싸웠던 이유와 같은 이유에서 그들을 대항한 것이다. 이러한 신학적 요소들이 그를 "마지막 청교도"로 불리게 했다.

이와 같이 조나단 에드워즈는 부흥을 반대하는 이성주의자들을 향해 부흥을 변호하였고, 영적 대각성 가운데 부흥을 헛되게 하고 오류들로 혼동시키는 열광주의와 도덕률폐기론자들을 향하여 그 오류를 경계하고 지적했으며, 부흥을 무위로 만들고 항상 교회의 경건을 해치는 알미니안주의에 대해 그 잘못됨을 지적하고 성경의 진리를 드높이는 데 진력하였다.

2. 조나단 디킨슨

영적 대각성이 본격화되는 1740년대에 들어서 뉴욕과 뉴저지를 중심으로 형성되어 있던 장로교는 부흥을 지지하는 신파와 부흥을 반대하는 구파로 나뉘어졌다. 이때 신파를 이끄는 신학적 지도자는 조나단 디킨슨이었다. 그는 먼저 부흥을 반대하는 구파에 대해서 부흥을 변호해야 했으며, 부흥을 헛되게 하는 열광주의와 도덕률폐기론자들을 막아야 했다.

1742년의 조나단 디킨슨의 작품 하나님의 특별한 은혜의 나타남

(*A display of God's Special Grace in a Familiar Dialogue between a Minister and a Gentleman of His Congregation, about the work of God in the conviction and conversion of sinners, so remarkably of late begun and going on in these American parts*)은 에파인투스(Epinetus)와 데오피러스(Theophilus)라는 두 인물의 대화 형식으로 구성된 책인데, 부흥을 반대하는 자들에게 부흥이 하나님의 역사임을 말하고, 또한 진정한 영적 체험과 잘못된 체험을 구별하는 원리를 언급하고 있으며, 환상주의와 무절제의 태도에 대해서도 경고하고 있다.

계속하여, 조나단 디킨슨은 1745년 종교의 특별한 주제들에 대한 편지들(*Familiar Letters to a Gentleman upon a variety of seasonable and important subjects in Religion*)이라는 책을 출판하면서 열광주의자들과, 구파와 도덕률폐기론자, 알미니안주의자들의 오류에 대해서 강해하였다. 그는 먼저 열광주의자들의 특징과 그들로 인한 폐해에 대해 다음과 같이 말했다.

> 열광주의자들은 비정상적으로 뜨겁고, 방종하며, 어떤 특별한 성령의 은사들을 얻은 척하며, 감각적인 상상에 사로잡히거나 혹은 황홀경에 빠져 무질서한 모습을 보인다. 이로 인하여 많은 사람들이 기독교를 비난하고, 의문을 가지게 한다.

조나단 디킨슨은, 성령께서 한 영혼 위에 역사하여 주께로 돌아오는 영적 과정을 인식할 수 없다고 주장하면서 부흥을 반대하는 이들을 향해 진정한 성령의 역사에 대한 효과, 즉 회심의 과정 속에서 성령께서 일하시는 방법과 그 은혜의 방법에 대한 신학적 강해를 하였다. 그리고 이러한 은혜의 방법과 성령의 일하시는 방법에 대한 것은 그들의 조상인 청교도들이 강조한 체험적 경건의 신학이며, 이것은 실로 진정한 그리스도인을 구성하는 데 가장 필수적인 것이라고 말했다. 그러면서 부흥 가운데 있는 이러한 체험적 경건과 생동적인 종교적 체험을 반대하는 것은 그들이 여전히 어둠 가운데 있는 것이라고 경고하였다.

조나단 디킨슨은 도덕률폐기론자들이 영적 대각성 가운데 더욱 확장되는 것을 가장 위험한 것으로 보았다. 특히 그는 모라비안교도 가운데 도덕률폐기론이 더욱 널리 확산되고 있는 것을 경고하였다. 조나단 디킨슨은 도덕률폐기론자들이 성화의 수단이며 방편인 도덕법을 무시하는 오류를 지적하였다. 이는 1636-1638년 앤 허친슨(Anne Hutchinson)을 중심으로 일어났던 도덕률폐기론이 다시 일어난 것이었다. 이러한 도덕률폐기론은 1638년에 이단으로 정죄되었음에도 불구하고 영적 대각성 가운데 다시 일어났다. 따라서 조나단 디킨슨은 뉴잉글랜드 청교도들이 했던 것과 같이 도덕률폐기론자들의 주장에 대해 도덕법의 기능을 설명하였다. 그리고 도덕률폐기론자들이 성화를 무시하기 때문에 육신적 삶을 정당시하는 신학적 이유를 말했다. 즉 도덕률폐기론자들이 성도와 그리스도와의 연합 교리를 남용하여, 방탕한 삶을 살고 죄를 지으면서도 스스로 안전하다고 생각하는 자들임을 지적하였다. 그래서 조나단 디킨슨은 이들을 향해 먼저 참된 회개를 설명하였다. 구원에 이르는 참된 회개는 죄를 슬퍼하고, 죄를 미워하고, 죄와 싸우며, 자신의 죄성에 대한 특별한 인식 가운데 죄에 대해 부담을 가지는 열매들이 있음을 분명히 말했다. 따라서 이러한 회개의 열매 없이 여전히 정욕 가운데 있고 죄 가운데 즐거워하면서 나는 그리스도와 연합했으므로 구원 가운데 있다고 말할 수 없다고 도덕률폐기론자들의 태도를 공박하였다. 도덕률폐기론자들은 회개의 증거 없이, 하나님의 선택에 대한 믿음 없이, 또한 성도로서 회개의 연속적 실행 없이 "나는 그리스도와 연합되었다"고 주장하지만, 실제적으로는 죄 가운데 살기 때문에 위선자의 삶을 살 수밖에 없다. 그래서 조나단 디킨슨은 이러한 도덕률폐기론자들을 향하여 성화의 삶이 구원에 포함되며, 하나님과 동행하는 삶이 의무인 것을 강조하였다.

이처럼 조나단 디킨슨은 알미니안주의자들이 영적 대각성 가운데 걸림돌 역할을 하는 것을 주의 깊게 관찰하여 그들의 오류를 경고하였고, 또한 알미니안주의자들이, 가장 중요한 주제들인 기독교의 증거들, 하나님의 주권적 은혜, 믿음과 칭의를 뒤틀어 놓고 있음을 지적하였다.

3. 길버트 테넌트

제1차 영적 대각성 당시, 중부 지방에서 가장 큰 반대와 공격을 받은 자는 길버트 테넌트와 통나무 대학 출신 목회자들이었다. 그들은 뉴브런스윅 노회에 속해 있었는데 노회 전체가 교회 정치적으로 따돌림을 당했다. 부흥을 반대했던 구파의 목회자들은 부흥을 지지하는 길버트 테넌트와 통나무 대학 출신자들이 유럽이나 예일대학 같은 곳에서 신학 수업을 받지 않았다고 하여 무자격 목회자라고 비난하였다. 그리고 이들의 활동을 저지하기 위해 정치적으로 방해하였다. 이러한 반대에 봉착한 길버트 테넌트는 1740년 3월 8일 노팅햄(Nottingham)에서 부흥을 반대하는 목회자들을 향하여 그의 유명한 "거듭나지 않은 목회의 위험"(The Danger of Unconverted Ministry)이라는 설교를 하였다. 이 설교에서 그는 그들이 바리새인과 같이 영혼 위에 역사하시는 성령의 특별한 사역에 대한 경험이 없음을 지적하였다. 이러한 길버트 테넌트의 설교에 대해서 구파의 목회자들은 더욱 분개하며 부흥을 반대하였다. 특히 부흥을 지지하는 신파의 회심 신학을 비판하였다. 그러나 청교도 회심 신학에 근거를 둔 신파의 회심 신학은 인간의 전적 타락과 부패를 깨닫고 하나님의 은혜에 대한 진정한 회개가 필요함을 주장하는 진정한 개혁주의 혹은 칼빈주의 신학이었다. 영적 대각성 당시에 이것을 생동적인 종교, 혹은 마음의 종교라 불렀고 체험적 경건을 필수적인 것으로 여겼다. 부흥을 반대하는 구파의 목회자들은 이러한 칼빈주의 신학을 반대하는 잘못된 길로 가게 됐는데, 그들은 정치적으로 신파를 제외시켜 결국 서로 분리하게 되었다. 이러한 분리는 조나단 에드워즈가 있었던 뉴잉글랜드의 회중교회도 마찬가지였다. 그들은 부흥을 지지하는 "새로운 빛" (New Light)과 부흥을 반대하는 "옛날 빛"(Old Light)으로 분리되었다.

길버트 테넌트는 부흥을 무위로 만들려는 신학들의 오류를 지적하고 그 오류들이 확장되지 못하도록 노력하였다. 그는 칭의에 대하여 강해하면서 칭의의 교리 속에 침투하려는 오류들을 다음과 같이 나열하였다.

> 칭의와 성화를 함께 혼합시키는 교황주의자들(Papists), 그리스도의 충족성을 부정하는 소시니안주의자들(Socinians), 죄인들을 위한 대속의 죽음을 부정하고, 행위와 스스로의 의로움으로 하나님 앞에 의롭다 여김을 받는다고 주장하는 알미니안주의자들(Arminians), 죄인들이 하나님 앞에 의롭다 여김을 받기 위하여 그리스도의 완전한 의와 그 충족을 받아들이지 않고 새로운 율법을

만들어 내는 신율법주의자들(Neonomians), 선택된 자는 믿음이 영원 전부터 혹은 최소한 그리스도의 죽음의 시점에서 의롭다 여김을 받았다고 상상하는 도덕률폐기론자들(Antinomians) (Tennent, 1745, 81).

이중에서도 길버트 테넌트는 도덕률폐기론자들과 알미니안주의자들을 더욱 경계하였다. 특히 도덕률폐기론자들의 '영원한 칭의'라는 교리는 원죄의 교리와 회심 전 성령께서 죄인들의 죄를 질책하시는 것, 믿음과 회개, 거룩의 필요성을 완전히 파괴하는 것으로 보았다. 또한 그들은 스스로 만든 자기 확신으로 선택받았다고 생각하지만, 그 삶은 여전히 모든 악과 불경건, 각종 더러움에 빠져 있으며, 죄악을 짓는 데 있어서 두려움과 슬픔을 가지지 않는다고 그들의 육신적인 모습을 질타하였다.

도덕률폐기론자들을 향하여 길버트 테넌트는 복음과 율법과의 관계에 대해 신학적 강해를 하였다. 도덕법은 거듭나지 않은 자에게는 성령을 통해 죄를 질책하여 죄인임을 깨닫게 하고, 하나님 앞에서 아무 말도 할 수 없게 만드는 것이지만, 거듭난 자에게는 행위와 거룩의 원리라고 설명했다. 따라서 당연히 도덕법은 그리스도인에게 순종을 요구한다고 말했다. 그는 이렇게 도덕법에 대해 설명한 후, 이러한 도덕법을 없애려 하는 도덕률폐기론에 대해 다시 언급하면서, 도덕률폐기론자들은 게으르고 무지하며 악한 자들인데 그 이유는 그들이 도덕법의 순종으로부터 도망하여, 복음을 그들의 악한 일의 수단으로 삼기 때문이라고 지적하였다.

길버트 테넌트는 알미니안주의자들의 오류와 그 심각성도 지적하였다. 알미니안주의자들은 한 영혼을 거듭나게 하기 위해 일하시는 성령을 무시하고 스스로의 행위를 의지하는 자들로서 스스로의 의로움 때문에 오히려 하나님의 의를 거스르는 자들이라고 말했다.

이처럼 제1차 영적 대각성 가운데 부흥을 반대하고 또한 그 부흥을 헛된 것으로 만들려는 악들은 이성주의, 체험적 경건을 부정하는 자들, 열광주의자들, 도덕률폐기론자들, 신율법주의자들, 그리고 알미니안주의자들이었다. 이러한 악에 대해서 조나단 에드워즈, 조나단 디킨슨, 길버트 테넌트 등의 부흥신학자들은 그 오류를 파헤치고, 그것의 심각성과 위험성을 알려서 교회로 하여금 경계하도록 하여 하나님께서 주신 부흥이 헛되지 않도록 그 책임을 다하였다.

4. 부흥주의의 등장과 참된 부흥의 추구

조나단 에드워즈가 50여 년 앞서서 지적한 바와 같이, 제2차 영적 대각성이 시작되어 하나님의 놀라운 일들이 시작될 때, 다시 그 부흥을 헛되게 하려는 사탄의 전략이 시작되었다. 1800년 켄터키 부흥으로 제2차 영적 대각성이 시작된 후, 1801년 8월 카인 릿지 지방의 집회 가운데 물리적 현상이 나타나기 시작했는데, 이러한 현상에 대해 일부 장로교 목회자들은 열광주의와 감정주의라고 보고, 이러한 현상들을 금하였다. 그러나 감리교 목회자들은 이것을 은혜의 수단으로 인정하여, 집회 중에 회중에게 직접 나아가 이러한 물리적 현상들을 권장하면서 이것들을 "체험종교의 범주"로 여겼다. 그리고 카인 릿지의 현상 이후, 감리교 목회자들에게 있어서 이것은 집회의 중요한 수단이 되었다. 이것이 바로 부흥주의의 시작이다. 이렇게 시작된 부흥주의를 1825년 겨울부터 장로교 목회자 찰스 피니가 도입하여 "새로운 측정법들"이라는 것으로 개발하여 사용하기 시작하였다(제7장 "찰스 피니의 부흥주의 신학" 참조하라).

따라서 제2차 영적 대각성 가운데 부흥을 헛되게 하는 악은 열광주의와 감정주의의 물리적 현상이었다. 그리고 이것을 펠라기우스 신학에 접목시켜 방법론을 만든 찰스 피니의 부흥주의 신학이 바로 부흥을 헛되게 하는 오류였다. 이러한 오류에 대하여 경건한 목회자들과 신학자들은 가만히 있을 수 없었다. 그리하여 프린스턴 신학교 초대 교장인 아키발드 알렉산더와 프린스턴 신학교 교수들, 구학파 목회자들, 회중교회의 아사헬 네틀톤과 에드워드 그리핀 등은 찰스 피니의 부흥주의를 반대하고 그 잘못과 오류를 지적했다. 그리고 1840년대 이후 1857-1858년 대부흥 가운데 지도자였던 제임스 알렉산더가 찰스 피니의 부흥주의에 대해 계속 경고하고 그 신학적 오류를 지적했다. 이렇게 찰스 피니의 부흥주의를 반대하면서, 참된 부흥을 추구하는 것이 더욱 확고해지게 되었다.

결국, 제1, 2차 영적 대각성과 1857-1858년의 대부흥은 경건한 목회자와 신학자들이 경건의 회복을 위해 노력하는 가운데 하나님의 선물로 받은 것이다. 이들은 하나님께서 주신 선물을 귀하게 보존하기 위해서 부흥을 헛되게 하는 모든 악과 싸웠다. 이렇게 한 이유는 바로 교회가 경건의 능력을 회복하고, 복음의 능력이 나타나게 하기 위해서였다. 진실로 그들은 복음과 하나님 나라의 진전과 교회의 사명을 다하고자 힘썼던 자들이었다. 분명 오늘날의 교회는 부흥을 절실히 필요로 하는 때이다.

무엇이 필요한가? 바로 제1, 2차 영적 대각성과 1857-1858년의 대부흥 당시, 하나님의 뜻을 잘 깨닫고, 교회의 경건을 회복하고자 하는 경건한 목회자와 신학자가 필요하다 하겠다.

참고문헌

Alexander, James. *Discourses on Common Topics of Christian Faith and Practice,* Charles Scribner : New York, 1858.

_____. *The Revival and Its Lessons : A Collection of Fugitive Papers, having Reference to the Great Awakening, 1858,* American Tract Society : New York, 1858b.

Bonar, John. ed. *The Revival of Religion,* reprint by The Banner of Truth Trust : Edinburgh, 1984(1840).

Bremer, Francis J. *Shaping New Englands : Puritan Clergymen in Seventeenth-Centyry England and New England,* Twayne Pulishers : New York, 1994.

Calhoun, David B. *Princeton Seminary Vol 1,* The Banner of Truth Trust : Edinburgh, 1994.

Cleveland, Catharine. *The Great Revival in the West,* Gloucester : Peter Smith, 1959.

Cook, P. E. G. "Finney on Revival," presented at The Westminster Conference, 1966.

Dickinson, Jonathan. *The True Scripture Doctrine concerning some Important Points of Christian Faith,* G. Rogers for S. Eliot : Boston, 1741.

_____. *A display of God's Special Grace in a Familiar Dialogue between a Minister and a Gentleman of His Congregation, about the work of God in the conviction and conversion of sinners, so remarkably of the begun and going on in these American parts,* Boston, 1742.

Familiar Letters to a Gentleman upon a variety of seasonable and important subjects in Religion, Boston, 1745.

Edwards, Jonathan. *The Works of Jonathan Edwards Vol 1, 2*, reprinted by The Banner of Truth Trust : Edinburgh, 1995.

Foote, William Henry. *Sketches of North Carolina*, Robert Carter : New York, 1846.

Griffin, Edward. *Letter to the Rev. Ansel D. Eddy, of Canandaigua, N. Y. on the Narrative of the Late Revivals of Religion, in the Presbytery of Geneva*, Ridley Bannister : Williamstown, 1832.

Hambrick-Stowe, Charles E. "The Spirit of the Old Writers" in *Puritanism : Transatlantic Perspectives on a Seventeenth-Century Anglo-American Faith*, Francis J. Bremer ed. Massachusetts Historical Socjety : Boston, 1993.

Jones, James. *The Shattered Synthesis : New England Puritanism before the Great Awakening*, Yale University Press : New Haven, 1973.

Jones, Joseph. *The Life of Ashbel Green*, Robert Carter and Brothers : New York, 1849.

Le Beau, Bryan F. *Jonathan Dickinson and the Formative Years of American Presbyterianism*, The University Press of Kentucky : Kentucky, 1997.

Lloyd-Jones, D. M. "Revival : An Historical and Theological Survey" in *Puritans*, The Banner of Truth Trust : Edinburgh, 1987(1959).

Lovelace, Richard. *Dynamics of Spiritual Life : An Evangelical Theology of Renewal*, Inter-Varsity Press : Downers Grove, 1979.

McGavran, Donald. *Understanding Church Growth*, 3rd edition. Eerdmans : Grand Rapids, 1980.

Murray, Iain. *Revival and Revivalism,* The Banner of Truth Trust : Edinburgh, 1994.

_____. *Pentecost-Today,* The Banner of Truth Trust : Edinburgh, 1998.

Nettles, Tom. ed. *Asahel Nettleton : Sermons from the Second Great Awakening,* International Outreach : Ames, 1995.

Old, Hughes Oliphant. "Gilbert Tennent and the preaching of piety in Colonial America," *The Princeton Seminary Bulletin* Vol. 10(1989), pp. 132-137.

Opie, John. "Finney's Failure of Nerve : The Untimely Demise of Evangelical Theology," *Journal of Presbyterian History,* Vol. 51 (1973), 155-173.

Orr, Edwin. *Evangelical Awakenings in Eastern Asia,* Bethany Fellowship : Minneapolis, 1975.

Packer, James. *A Quest for Godliness: The Puritan Vision of the Christian Life,* Crossway Books : Wheaton, 1990.

Prime, Samuel. *The Power of Prayer : The New York Revival of 1858* (1859), reprinted by the Banner of Truth Trust : Edinburgh, 1991.

Roberts, Richard Owen. *Revival,* Tyndale House : Wheaton, 1983.

_____. ed. *Salvation in full Color,* International Awakening Press : Wheaton, 1994.

Schmidt, Leigh Eric. "Jonathan Dickinson and the making of the moderate Awakening," *Journal of Presbyterian History* Vol. 63 (1985), pp. 341-353.

Sheldon, Blackman. ed. *The New York Pulpit in the Revival of 1858,* Sheldon Co : New York, 1860.

Smith, Timothy. *Revivalism and Social Reform,* Abingdon : Nashville, 1957.

Speer, William. *The Great Revival of 1800,* Presbyterian Board of Publication : Philadelphia, 1872.

Sprague, William. *Lectures on Revivals of Religion,* reprint by The Banner of Truth Trust : Edinburgh, 1978 (1832).

Tennent, Gilbert. *The Nature of Justification Opened,* Philadelphia, 1745.

Thornbury, John. *God Sent Revival,* Evangelical Press : Durham, 1977.

Warfield, Benjamin. *Perfectionism,* Presbyterian and Reformed Publishing : Philadelphia, 1967.

Willard, Samuel. "The Peril of the Times Displayed" (1700) in *The Great Awakening* Richard Bushman, ed. The University of North Carolina Press, 1989.

개혁주의 부흥 신학

등록번호 제 9-00101호

2002년 10월 5일 초판 인쇄
2002년 10월 15일 초판 발행

저　자 / 김홍만
발행인 / 손정기
발행처 / 도서출판 옛적길

142-805
서울 강북구 미아5동 62-3 2층

TEL.02-951-4982 (FAX겸용)

이 출판물은 저작권법에 의해 보호를 받는 저작물이므로
무단 전재와 무단 복제를 할수 없습니다.

값 7,500원
ISBN 89-90271-02-9